UNIVERSIDADE PÚBLICA E DEMOCRACIA

JOÃO CARLOS SALLES

UNIVERSIDADE PÚBLICA E DEMOCRACIA

BOITEMPO

© Boitempo, 2020
© João Carlos Salles, 2019

Direção editorial
Ivana Jinkings

Edição
Thais Rimkus

Coordenação de produção
Livia Campos

Assistência editorial
Pedro Davoglio

Revisão
Mariana Zanini

Capa
Ronaldo Alves

Diagramação
Antonio Kehl

Equipe de apoio Artur Renzo, Carolina Mercês, Débora Rodrigues, Dharla Soares,
Elaine Ramos, Frederico Indiani, Heleni Andrade, Higor Alves, Isabella Marcatti,
Ivam Oliveira, Kim Doria, Luciana Capelli, Marina Valeriano, Marissol Robles, Marlene Baptista,
Maurício Barbosa, Raí Alves, Talita Lima, Tulio Candiotto

CIP-BRASIL. CATALOGAÇÃO NA PUBLICAÇÃO
SINDICATO NACIONAL DOS EDITORES DE LIVROS, RJ

S164u

Salles, João Carlos, 1962-
Universidade pública e democracia / João Carlos Salles. - 1. ed. -
São Paulo : Boitempo, 2020.
160 p.

ISBN 978-85-7559-759-0

1. Ensino superior - Finalidades e objetivos. 2. Ensino superior -
Filosofia. 3. Democracia. 4. Universidades e faculdades - Aspectos
sociais. I. Título.

20-63883
CDD: 378
CDU: 378

Meri Gleice Rodrigues de Souza - Bibliotecária CRB-7/6439

É vedada a reprodução de qualquer
parte deste livro sem a expressa autorização da editora.

1ª edição: junho de 2020

BOITEMPO
Jinkings Editores Associados Ltda.
Rua Pereira Leite, 373
05442-000 São Paulo SP
Tel.: (11) 3875-7250 / 3875-7285
editor@boitempoeditorial.com.br | www.boitempoeditorial.com.br
www.blogdaboitempo.com.br | www.facebook.com/boitempo
www.twitter.com/editoraboitempo | www.youtube.com/tvboitempo

SUMÁRIO

Prefácio. Elogio à universidade pública – *Fernando Cássio*......... 9

Apresentação.. 15

Parte I – Universidade e democracia.................................. 27

Conhecimento e universidade.. 29

Pensamento e utopia.. 43

Lógica e democracia... 53

Universidade e democracia.. 79

Universidade e conhecimento.. 85

Parte II – Um exemplo: a Universidade Federal da Bahia ... 91

Entre o cristal e a fumaça.. 93

A aura da universidade pública 103

UFBA: sempre viva e presente!.. 121

Parte III – Sobre o Programa Future-se.......................... 127

O futuro da universidade.. 129

A crise da universidade 135

A rejeição ao Programa Future-se..................................... 149

Para Arley e Eleonora

Die Welt ist nicht wahr.

Ernst Bloch

Prefácio
ELOGIO À UNIVERSIDADE PÚBLICA

por Fernando Cássio

Este é um livro firme e delicado. Suave, mas nem por isso tíbio; utópico, nem por isso idílico; paciente, nem por isso alheio à velocidade dos ataques que combate; otimista, nem por isso ingênuo. Escrito por um autor do qual me aproximei por causa do hábito diário – e nada saudável – de ler artigos com análises pessimistas sobre a educação brasileira, desenvolvendo eu mesmo a mania ocasional de torturar outras pessoas com textos desse tipo.

Foi em meio à barafunda de certo modo apocalíptica, em parte niilista e um tanto raivosa de minhas leituras, que, uns tempos atrás, me deparei com um artigo cujo subtítulo imediatamente me atraiu: "Notas sobre as forças selvagens da inteligência"[1]. O autor era João Carlos Salles, filósofo com longa estrada como professor em cursos de lógica simbólica e argumentação e reitor da Universidade Federal da Bahia, a UFBA. A partir daquela primeira leitura, passei a acompanhar com interesse as falas públicas de João Carlos, que logo depois – em maio de 2018 – viria a ser reeleito para um segundo mandato reitoral.

Aqueles seus apontamentos sobre as "forças selvagens" da inteligência me chamaram a atenção por duas razões. Primeiro, pela convicção, deveras infrequente na comunidade universitária, de que a inteligência não necessita ser ácida, inóspita e sombria; ela pode ser doce, acolhedora, expansiva. Segundo, pelo humor (típico dos docemente inteligentes) embutido na expressão "inteligência cítrica", essa que sempre prefere a ironia à crítica, a cizânia à concórdia,

---

[1] João Carlos Salles, "Eu sei lá: notas sobre as forças selvagens da inteligência", *Cult*, 29 mar. 2018. Disponível em: <https://revistacult.uol.com.br/home/eu-sei-la-nota-sobre-as-forcas-selvagens-da-inteligencia>; acesso em: 20 fev. 2020.

a vitória ao consenso, a persuasão ao convencimento. Naquele artigo, com rara combinação de rigor, capacidade de síntese e amorosidade[2], Salles ministrou uma aula inesquecível sobre alteridade, solidariedade, falácias não formais, democracia e universidade pública.

Contra a urgência do tempo, João Carlos Salles, neste livro que tenho a alegria de apresentar, exercita a "paciência do conceito" para defender o espaço público e as condições de argumentação no ambiente acadêmico brasileiro, sendo a universidade pública – nas palavras dele – "o lugar natural e artificial da lógica e da democracia".

Universidade pública e democracia é um elogio à universidade brasileira. Depois de um período de ampliação da oferta de vagas e de relativa democratização do acesso às universidades públicas, de investimentos na criação de novos *campi*, em políticas de assistência estudantil, na pós-graduação e na pesquisa, o sistema – em especial o das universidades e dos institutos federais – vem sofrendo ataques que desafiam até os mais otimistas, desferidos pelas mesmas forças que visam a esvaziar – na verdade, destruir – o espaço do comum na sociedade brasileira, reduzindo-o à economia da atenção (ou da opinião) e truncando tanto quanto possível as possibilidades de existência de uma comunicação desimpedida.

Em entrevista de 2018, Jürgen Habermas, que – nos recorda João Carlos – "já nos ensinou bastante sobre as condições de uma comunicação desimpedida", mostrou-se pouco otimista ante a progressiva deterioração das frágeis estruturas da esfera pública: "Não pode haver intelectuais se não há leitores"[3]. Embora reconheça que a universidade brasileira está ameaçada porque igualmente ameaçadas estão a sociedade e a vida democrática em nosso país, João Carlos Salles não aceita os vaticínios da catástrofe total: deve haver intelectuais e deve haver leitores. E, caso não existam, deve-se trabalhar para criar e garantir espaços e condições de leitura.

A universidade é, para ele, o lugar que mais se aproxima da realização de um "auditório universal", onde se exercitam as condições ideais de uma argumentação desimpedida: a igualdade de direitos entre os que argumentam, o

---

[2] Aqui tomada no sentido dado por Paulo Freire. Ver Danilo R. Streck, Euclides Redin e Jaime José Zitkoski (orgs.), *Dicionário Paulo Freire* (4. ed., Belo Horizonte, Autêntica, 2018), p. 39-40.

[3] Disponível em: <https://brasil.elpais.com/brasil/2018/04/25/eps/1524679056_056165. html>; acesso em: 20 fev. 2020.

reconhecimento da alteridade, a existência de condições equânimes de acesso aos meios de argumentação e a crença comum na eficácia da linguagem como forma de lidar com os conflitos. Todas essas condições são, em alguma medida, observáveis nas universidades públicas, embora nunca de forma ideal, inteira ou concomitante. Sem qualquer ingenuidade, Salles não toma essas condições como dados de partida, mas como exigências cotidianas de um diuturno processo de produção de vínculos entre energias pessoais e interesses coletivos que é especialmente favorecido na universidade, epítome do espaço público democrático.

Pensar a universidade de forma utópica – como auditório universal, como forma de vida, dotada de aura e de sacralidade laica – por óbvio não significa abraçar idealidades e descolar-se dos problemas da instituição universitária. Afinal, o objetivo declarado de João Carlos, com este livro e como gestor universitário, é trabalhar para que a democracia produza o melhor dos resultados sem produzir o pior das pessoas. De forças selvagens já bastam as que atacam as universidades para arruinar seus espaços de diálogo e para depreciar sua produção intelectual.

Quando a UFBA foi descrita por um membro do atual governo – incidentalmente, o próprio ministro da Educação – como lugar de "balbúrdia", a primeira declaração pública do reitor João Carlos Salles foi indagar o que teria motivado um comentário daquele tipo, em tudo estranho a um "espaço democrático e de liberdade de expressão, que promove um ensino de qualidade e um debate cuidadoso de temas de relevância para a sociedade"[4]. Nos dias que se seguiram, enquanto mais e mais pessoas em universidades de todo o país identificavam-se publicamente como "fazedoras de balbúrdia" – em salas de aula, em laboratórios de pesquisa, em eventos culturais e científicos –, os membros do governo já não demonstravam qualquer acanho em figurar como sabotadores do seríssimo e especializado debate público sobre a situação orçamentária das universidades e dos institutos federais. Em uma segunda entrevista sobre o assunto, Salles replicou ser preferível que a UFBA fosse o

---

[4]   Disponível em: <https://g1.globo.com/ba/bahia/noticia/2019/04/30/nao-sei-o-que-motivou-o-comentario-diz-reitor-da-ufba-sobre-justificativas-do-ministro-da-educacao-para-cortes-em-verbas.ghtml>; acesso em: 20 fev. 2020. A primeira declaração do ministro foi dada em 30 de abril de 2019. Além da UFBA, o rol das instituições de ensino superior "fazedoras de balbúrdia" incluía a Universidade de Brasília e a Universidade Federal Fluminense. Para o ministro, a "balbúrdia" justificaria um bloqueio orçamentário seletivo (e por isso ilegal) a essas três universidades.

espaço da balbúrdia, pois ela jamais seria o espaço da barbárie[5]. Deixou claros quais eram os limites da conciliação.

Poucos meses depois, no mesmo conturbado ano 2019, o reitor João Carlos Salles assumiu a presidência da Associação Nacional dos Dirigentes das Instituições Federais de Ensino Superior (Andifes). Nesse novo contexto político, no qual, lamentavelmente, o desrespeito sistemático aos processos de escolha de dirigentes de universidades e institutos federais por parte do atual governo viceja em lacunas normativas que não foram enfrentadas pelos governos anteriores, será possível manter a Andifes como espaço democrático, garantindo-lhe as condições para uma argumentação minimamente desimpedida? E o que dizer das condições de diálogo com um governo que corriqueiramente desafia nossa crença na eficácia da linguagem e que não tem pejo de corromper uma noção tão básica quanto a de fé pública? Há possibilidade de conciliação?

O elogio à universidade de João Carlos Salles é também um elogio a valores de cortesia e decoro, que hoje soam um tanto incômodos ou anacrônicos à comunidade universitária. Conquanto tenha servido às classes dominantes para, precisamente, dominar, a delicadeza parece mesmo ter sido tragada pelo vórtice de agressividade em que nos encontramos metidos. Este livro nos lembra que a coragem cívica resulta menos de arroubos de força física que de nossas demonstrações públicas de decência. Que o fascismo demolidor do espaço público não teme a violência, mas a delicadeza mais firme, a sensibilidade e a inteligência. E uma inteligência doce, é bom dizer, não é o mesmo que uma inteligência dócil[6].

A "crise" da universidade (pública) brasileira já foi decretada muitas vezes, por reformistas de variadas cepas e por reacionários de diversas épocas. Ela também já foi discutida em textos importantíssimos de vários intelectuais[7].

---

[5] Disponível em: <www.metro1.com.br/noticias/cidade/73204,somos-a-universidade-da-balburdia-e-nunca-da-barbarie-diz-reitor-da-ufba>; acesso em: 20 fev. 2020.

[6] Também cumpre dizer que há graus e formas de agressão – sobretudo em espaços não universitários – que exigem respostas bem menos gentis. Também há situações em que a "urbanidade" (ou a falta dela) é deliberadamente utilizada para estigmatizar e injuriar. Ver Fernando Cássio, "Desbarbarizar a educação", em *Educação contra a barbárie: por escolas democráticas e pela liberdade de ensinar* (São Paulo, Boitempo, 2019), p. 15-21.

[7] Ver, por exemplo, Anísio Teixeira, *Educação e universidade* (2. ed., Rio de Janeiro, Editora UFRJ, 2010), compilação de escritos produzidos entre 1935 e 1969; Darcy Ribeiro, *A*

Adotando um caminho diferente de seus pares, João Carlos Salles busca inverter o raciocínio dos detratores (de hoje e de sempre) da universidade brasileira para assumir a crise como um dado constitutivo de instituições que são permanentemente atravessadas por tensões internas. Esse "estado de crise" as vitaliza, distinguindo-se daquele outro, atribuído de fora e decidido a inquinar a universidade pública de vícios e culpas.

A universidade não é uma empresa nem uma repartição pública qualquer. Suas formas gestionárias devem guardar estreita relação com os conteúdos que ela produz e veicula. É por meio de seus atos e de suas decisões que a universidade justifica seu próprio direito à existência, exercita verdadeiramente sua autonomia. Emprestada de Fichte, essa lição é também uma das mais importantes deste livro.

Embora dedique toda uma seção do livro a uma análise pormenorizada do Programa Future-se[8], João Carlos Salles reserva a maior parte de sua paciência conceitual para a "forma de vida" universidade pública. Sem descrever a ofensiva reacionária sobre as universidades, a expõe de forma indireta, posto que a ira do atual governo contra as universidades públicas advém precisamente da inseparabilidade prática entre as formas "universidade pública" e "democracia", aproximadas desde o título até a última página deste volume.

Se concordamos com João Carlos Salles, devemos combater a cumplicidade secreta entre nossas ações e tudo aquilo que ameaça a universidade brasileira. Não podemos permitir que forças destrutivas externas, também aninhadas entre nós – de forma ainda mais insidiosa –, tenham êxito em degradar nossas condições de diálogo interno em um tipo de caos argumentativo, ao modo de outros espaços que há muito já deixaram de ser públicos e democráticos. Não podemos nos deixar dividir e enfraquecer na luta contra a barbárie autoritária e

---

    universidade necessária (Rio de Janeiro, Paz e Terra, 1969); Florestan Fernandes, *Universidade brasileira: reforma ou revolução?* (2. ed., São Paulo, Alfa-Ômega, 1979); Marilena Chauí, *Escritos sobre a universidade* (São Paulo, Editora Unesp, 2001), com textos produzidos entre 1988 e 2001.

[8]   Trata-se do Programa Institutos e Universidades Empreendedoras e Inovadoras, lançado em julho de 2019 pelo governo federal. Debates de pontos específicos do programa podem ser encontrados em Salomão Ximenes e Fernando Cássio (orgs.), *Future-se? Impasses e perigos à educação superior pública brasileira* (Santo André/SP, Fórum Permanente de Políticas Educacionais da UFABC/Universidade Federal do ABC, 2019). Disponível em: <https://cutt.ly/Crqn7or>; acesso em: 20 fev. 2020.

em favor de tudo aquilo que deveria ser inegociável nas universidades públicas: financiamento público, inclusão, representatividade, pesquisa e formação de alta qualidade, para além das exigências de qualquer mercado.

Assumindo todos os conflitos inerentes à vida universitária – o que não poderia ser diferente para um gestor universitário experimentado –, João Carlos Salles oferece um elogio delicado para tempos de indelicadeza. Lembra-nos docemente de que não há outra instituição pública "que signifique de forma essencial o exercício da criatividade, da redução de desigualdades, da ampliação de direitos e, logo, de resistência a totalitarismos dos mais diversos".

Concluo esta apresentação com a sensação de que este livro foi escrito para pessoas que não desejam ter o pensamento dominado por forças selvagens, nem externas nem internas. E também para aquelas que, por mesquinhez ou medo do futuro, se deixam capturar na comunidade universitária por um precário instinto de autopreservação, acumpliciando-se voluntária ou involuntariamente com aqueles que desejam barbarizar a universidade brasileira, lhe estilhaçar a aura em definitivo. Este livro quer extrair o melhor de nós mesmos para que possamos lutar unidos – com firme delicadeza e com bons argumentos – por espaços de produção de conhecimento sempre mais democráticos e por valores emancipatórios que ultrapassem os auditórios nada universais da universidade pública que hoje conhecemos no Brasil.

São Paulo, fevereiro de 2020

APRESENTAÇÃO

1. Este volume reúne textos sobre a universidade como ambiente de reflexão e lugar de política escritos ao longo de uma quinzena de anos. Os mais recentes, cerca de metade deles, ainda não haviam sido publicados em livro[1]. No conjunto, conformam uma trama; embora saibamos que a consistência de trabalhos espalhados ao longo do tempo talvez seja pouco mais que um prêmio fortuito concedido a um pensamento que se repete. Por isso, a marca da retomada de temas e mesmo de fontes, que logo reconhecemos, pode ser vista ora como virtude, ora como vício. Aqui, acreditamos ser o resultado de uma forma bastante lenta de progredir em algumas reflexões, aprofundando pouco a pouco seus resultados.

A intensidade do atual ataque às universidades termina por ocultar o fato de que, nas últimas décadas, projetos distintos têm se confrontado. No interior das políticas governamentais, oscilamos muitas vezes entre um projeto verdadeiramente progressista de universidade, sendo esta concebida como um lugar privilegiado e, sobretudo, público para produção de conhecimento e formação de pessoas, e projetos mais instrumentais, que lhe retiram a singularidade e não distinguem as tarefas acadêmicas voltadas a projetos estratégicos da sociedade dos interesses postos pelo mercado de trabalho.

---

[1] Os outros foram publicados pela Quarteto, que editou meus livros *O retrato do vermelho e outros ensaios* (2006), *Filosofia, política e universidade* (2016) e *Et cetera: Sobre vida selvagem e inteligência* (2018). Agradeço aqui a José Carlos Sant Anna, editor e amigo, a autorização para integrarem esta coletânea.

Da mesma forma, projetos para a universidade que lhe compreendem a natureza autônoma e reflexionante podem ter sido acompanhados, muitas vezes, por ações que, paradoxalmente, terminam por tratar a universidade como uma empresa de ensino ou como uma repartição pública qualquer. Agora o ataque é mais intenso, e os projetos talvez se separem mais nitidamente, mas não podemos nos iludir. A ira beligerante dos atuais governantes não impede que compartilhem projetos com elites governantes mais educadas e cultas, hoje assustadas com a barbárie que alimentaram.

O território é ademais instável. As universidades são projetos ainda recentes no Brasil, sobretudo em algumas regiões. Assim, as instituições, ao se afirmarem, crescem com um ambiente hostil, no qual a pressão externa pode também comprometer o convívio interno. Ou seja, não são apenas ameaças externas. Os pactos acadêmicos não estão suficientemente consolidados, à medida que o cenário das instituições, para além das restrições orçamentárias, determina-se por um duplo déficit – um déficit de representação e outro de representatividade.

Déficit de representação porque os valores acadêmicos não estão de todo instalados, não estão dadas as relações mais íntimas entre ensino, pesquisa e extensão, não temos uma participação internacional consolidada na comunidade científica nem, enfim, temos bem estabelecidas as regras de convívio acadêmico e democrático. Por outro lado, um déficit de representatividade agudiza a situação, pois tanto estamos longe de ter uma proporção razoável de oferta de vagas públicas, segundo padrões internacionais, quanto ademais temos uma participação insuficiente da diversa composição de nossa gente nos quadros da universidade. Um passo importante foi dado com a política de cotas para estudantes, mas a composição inteira da universidade tem muito a avançar.

Em função desse duplo déficit, que não pode nem deve ser tratado em separado, identificamos uma quebra da aura da universidade. Ela parece abandonada pelas elites, sem que já tenha recobrado sua vitalidade de projeto de Estado pela energia autêntica de nosso povo. Enganam-se os que imaginam que a universidade pode conquistar sua excelência acadêmica mais autêntica sem aprofundar seu compromisso social, ou o contrário; e vivemos hoje o desafio de conjugar essas dimensões, superando em conjunto esse duplo déficit.

2. Foram tarefas filosóficas que primeiro cobraram atenção para a gestão e a política universitária. No caso, a luta por implantar e consolidar mestrado e

doutorado de filosofia na UFBA. Combatemos, então, a ideia de que a filosofia, em todas as suas exigências de rigor acadêmico, só precisaria desenvolver-se em poucos centros, cabendo ao restante do país um trabalho de divulgação mais ralo e derivado. Estaríamos condenados a conferir mero lustro a formações periféricas, não a participar do trabalho acadêmico com a devida comensurabilidade que o caracteriza. Para usar uma expressão local, nós nos contentaríamos com passar um mel de coruja, uma demão de cal em nossas paredes mal construídas. Combatemos (e continuamos combatendo) o que outrora batizei de "síndrome de Virchow", ou seja, um conjunto de procedimentos que oculta, em sua aparente generosidade, a condenação a duas medidas diversas: a medida exigente dos grandes centros e a medida condescendente da periferia, de modo que, por exemplo, uma tese de filosofia no Nordeste nunca valeria (e, sobretudo, nunca precisaria valer) tanto quanto uma tese no Sudeste[2].

Com o desafio de realizar (ou, ao menos, defender) um trabalho de qualidade em filosofia em todo país, voltamos, então, o olhar a esse lugar específico, a universidade – sendo a filosofia, em nosso tempo, uma coisa universitária. Entretanto, desafios mais amplos de gestão acadêmica atraíram mais e mais nossa atenção à universidade ela mesma, e identificamos outras manifestações da síndrome em dimensões múltiplas e inesperadas, de modo que precisamos entender e defender algumas características desse lugar acadêmico precioso, que constitui uma forma de vida privilegiada e exemplar e conta como um de seus maiores desafios com o de derramar-se e realizar-se por todo país, cuidando, ademais, na proporção diversa dos investimentos que requerem, do diálogo entre as diversas áreas do saber.

Não podemos recusar a evidência da diversidade de fato entre nossas instituições – nem entre as áreas de saber, cujos recursos são desiguais e diverso o grau de consolidação. A pesquisa, sabemos, não amadurece bem em carbureto. Ela tem seu tempo próprio, vive a longa duração. Sobretudo as universidades recém-implantadas, frutos de uma benfazeja e ainda insuficiente expansão, não podem almejar de imediato as mesmas condições de pesquisa, o mesmo refinamento, o mesmo padrão elevado de nossas outras instituições, que, em verdade, tampouco são lá tão antigas. Entretanto, por realismo ou

---

[2] Cf. "A síndrome de Virchow", em João Carlos Salles, *O retrato do vermelho e outros ensaios* (Salvador, Quarteto, 2006).

pragmatismo, alguns transformam o fato em norma e veem como vocação uma mera contingência, que ao tempo caberia curar.

Olhos realistas ou pragmáticos se entregam aos fatos. Fazem da necessidade uma virtude e, assim, acreditam que, dadas a diversidade de condições e a dimensão dos recursos requeridos, não poderemos realizar pesquisa de qualidade em todos os lugares – o que não deixa de ser uma obviedade. Logo, sugerem, apressados, que abandonemos na origem o paradigma da indissociabilidade entre ensino, pesquisa e extensão ou, ainda, a plenitude potencial de nossas instituições. Ora, esse é um paradigma que jamais pode ser abandonado, mesmo que nunca se realize por completo.

Não se pode matar na origem o olhar utópico que, exatamente, distingue uma universidade de outros estabelecimentos de ensino. Certamente, servindo-nos de analogia, nunca realizamos as condições ideais de argumentação, mas não as abandonamos por isso em favor de expedientes de força nem nos contentamos com o jogo também brutal da pura retórica. Em todos esses casos, é preciso não ceder ao mero realismo. Afinal, como nos lembra Ernst Bloch, o mundo, tal como é, não é verdadeiro. Não a nossos olhos. É preciso sempre ser capaz de reconhecer em uma ruína o futuro edifício restaurado e de aceitar o terreno irregular não como um obstáculo indesejável à construção de uma casa, mas como estímulo a um belo projeto arquitetônico.

Não trabalhamos em meras repartições públicas. Universidades são apostas ousadas da sociedade em um lugar especial. Não por acaso, ora como sombra, ora explicitamente citada e analisada, aparece nos textos que urdimos uma citação deveras preciosa de uma equipe de pesquisadores franceses que, já nos anos 1990, elaborou um diagnóstico sobre ameaças à universidade. A repetição do trecho nos deslocou, enfim, do mero uso da citação (em "Conhecimento e universidade") para o exercício de uma leitura quase talmúdica de cada uma de suas palavras (em "A crise da universidade"). Talvez o conjunto destes textos seja o exercício progressivo de uma exegese inspirada nessa citação, com o que não fazemos mais que apontar a força singular desse lugar e dar as razões urgentes e permanentes de sua defesa. Talvez seja, ainda, uma recusa sistemática de uma posição rebaixada para a gestão universitária. Esta deve ser lugar privilegiado de reflexão institucional, em exercício que o conjunto dos textos pretende traduzir. Afinal, a própria tarefa da gestão não pode ser compreendida como um fardo não acadêmico, a ser carregado por quem não se dispõe a conciliar essa missão com algum compromisso íntimo com a pesquisa, a extensão ou o ensino.

3. Para a filosofia, ser coisa universitária muda muita coisa. No entanto, isso também é assim para tudo mais que hoje se faz como ciência, cultura ou arte. Conhecimento circula na internet; pesquisa pode ser feita em meios diversos; ensino pode escorrer bastante bem em instituições privadas; e prestação de serviços pode, aqui ou ali, fazer figura de extensão. Outra coisa, porém, é esse lugar especial de confrontação de saberes e gerações, no qual as dimensões indissociáveis de ensino, pesquisa e extensão justificam uma autonomia garantida na Constituição Federal – um lugar único, portanto, a ser defendido, como aposta mais segura da sociedade no conhecimento, no combate a preconceitos, na produção de ciência e arte, na formação de recursos humanos: a universidade pública.

Esse lugar, queremos crer, com sua medida de autonomia multiforme, contrapõe-se natural e politicamente aos interesses das elites e nos sinaliza o interesse emancipatório do comum. É assim lugar de conflito, mas também de colaboração. É lugar de reprodução de privilégios e de persistência estrutural de autoritarismos, mas é também, da melhor e mais profunda forma, lugar de ampliação de direitos e de combate a toda discriminação. É, pois, lugar da liberdade e da democracia, contra todas as evidências e as circunstâncias – e isso deve ser dito sem inocência, sem que ignoremos um instante sequer o chão áspero em que pode vicejar nossa cotidiana utopia.

A singularidade desse lugar e o modelo a ser defendido de universidade; as dificuldades da gestão e o investimento em nossa autonomia; a difícil, mas essencial, conjugação de excelência acadêmica e compromisso social; a ligação entre a cor local de nossas instituições e a natureza global da comunidade científica; a quebra da aura da universidade por certo abandono das elites e a necessidade de recomposição de uma aura, agora advinda, sobretudo, da energia e do talento de nosso povo; as dificuldades da expansão e os desafios mais graves da inclusão; o desafio de uma gestão que rejeite a mera burocratização e a constituição de um efetivo espaço público para além do esvaziamento político; as dificuldades do cultivo da argumentação também como método de gestão universitária: todos esses são temas que se repetem e se renovam ao longo dos textos aqui reunidos.

Na primeira parte, o objeto é o sentido e a dimensão da universidade de maneira mais ampla. Por suas mazelas e por suas virtudes, temos no mundo universitário as condições para explorar a dinâmica de argumentação e o diálogo entre as áreas do saber de forma inigualável. Nele, por assim dizer, a democracia pode assumir uma forma radical e universal, a começar pela necessária tematização de quem tem na universidade direito pleno à cidadania e de como a universidade, ela mesma, como a suspender-se pelos cabelos, contribui para a construção do mérito e do debate que a definem. Essa é a importância da tensão entre conhecimento e interesse (em "Conhecimento e universidade", que sobredetermina a definição dessa invenção ocidental) e das tensões próprias do convívio na universidade, pelas quais essa instituição se mostra feita de conflitos, mas também de colaboração acadêmica (como se vê em "Pensamento e utopia").

Qual rumo toma a universidade, se filha de Deus ou do diabo, isso depende de como seu espaço público é renovado e enriquecido. Daí a importância do constante processo de argumentação, tendo por pedra de toque medidas postas pela ciência mais elevada e pelo solo concreto de nossa sociabilidade. Esse é um dos sentidos de "Lógica e democracia", texto que esboça o que, se desenvolvido, talvez fosse um livro sobre falácias não formais com foco na vida universitária. Como está, é mais como um roteiro e o resultado da reflexão de um professor de lógica em filosofia que, para além do conforto da sala de aula, se viu lançado ao universo da política universitária. Nesse ambiente, é fácil constatar a prevalência de falácias, mas também o fato de que elas se tornam hoje ainda mais perigosas em virtude dos efeitos danosos do esvaziamento do próprio espaço público, no qual apenas nossas palavras podem virar conceitos ou valer como conceitos.

Pensávamos outrora ser esse esvaziamento o resultado eventual de alguma gestão burocrática ou por demais partidária do ambiente acadêmico. Uma gestão que, em qualquer dos sentidos, deixaria de pensar o específico da política enquanto mesclada à natureza da universidade. Porém, tal esvaziamento de um espaço do comum estende-se agora a toda dimensão da sociedade, fazendo com que a esfera pública se reduza a "opinião" ou a "atenção do público" – o que é uma dimensão deveras brutal e selvagem. Cabe, assim, defender uma ação de luta filosófica e política por guardar o espaço da palavra e do conceito em suas condições mesmas de possibilidade. Uma luta hoje desesperada para quem crê que tão somente uma democracia autêntica, jamais diminuindo ou dispensando a divergência, pode superar o mero conflito, a pura e simples destruição, sendo condição de liberdade.

Na segunda parte, temos em conta esse exemplo carregado de maravilhas, a Universidade Federal da Bahia. Plena de tensões e conflitos, enfrentando historicamente a seu modo um déficit comum de representação e de representatividade, a UFBA é um espaço privilegiado. Já o descreveram inclusive como lugar de balbúrdia, e replicamos que até pode ser assim, vez que, enquanto espaço de resistência acadêmica e democrática, nunca seremos espaço da barbárie. Realidade e sonho, pudemos celebrar a UFBA mesmo nesse contexto de tamanha hostilidade. Afinal, universidades são projetos culturais de largo espectro e longa duração. Confiam-se ao tempo e maturam onde certamente há jardim, de sorte que seus frutos nascem de um investimento claro e público em formas seguras, mas nem por isso menos surpreendentes. Seu destino e traçado não podem desconhecer quer a cor local, as condições acadêmicas específicas e as demandas da sociedade, quer o diálogo mais amplo com seus pares.

A UFBA é exemplo, não alegoria. Ela comporta as dificuldades conceituais das demais universidades. E, como as outras, não é uma instituição plantada em algum vale do silício. Porque formadora natural de elites intelectuais e dirigentes (o que é bastante claro na Bahia), alguns pensam a universidade subordinada a interesses elitistas e chegam a imaginar que suas metas e políticas poderiam ser mais bem traçadas sem o bom barulho do embaralhar de conceitos que precisam mover-se com pressa e paciência, o bom barulho da diversidade cultural e da tolerância epistemológica e a expressão dos interesses emancipatórios da sociedade. Porque carente de recursos (e sempre carente, uma vez que formar, ensinar, pesquisar e prestar serviços de qualidade é missão complexa e cara, que solicita muito e continuado investimento), alguns cedem às soluções mais próprias do exclusivo interesse do financiamento ou logo predispõem a autonomia da universidade a determinações que lhe comprometem a essência como instituição pública, gratuita, inclusiva e de qualidade.

Mostramos, então, tomando a UFBA como caso exemplar das tensões que descrevemos teoricamente, que não tem sido essa a escolha da comunidade UFBA, assim como não é a da maioria da comunidade universitária brasileira. É certo que "quem mói no asp'ro não fantaseia", mas também é verdade que, nunca havendo "folga de range rede" na universidade (e não tivemos um dia sequer de trégua nesses quase seis anos de gestão), é possível perfazer-nos de sonhos e nos inventarmos nesse gosto de especular ideias. E assim na UFBA como nas demais universidades, a cada dia, "em verdade, acordamos transformados, braços em asas".

Enfim, na terceira parte, o confronto é direto com o projeto atual do governo – em específico, com o Programa Future-se, que é, ao fim e ao cabo, a tradução medíocre do projeto das elites de ataque sistemático à universidade pública. Temos, então, a oportunidade de, por um lado, criticar o ataque à autonomia universitária, o descompromisso do Estado com o financiamento público do ensino superior federal, as ameaças de mercantilização do espaço público. Por outro lado, ao rejeitar tais propostas, podemos desenhar as características essenciais e inegociáveis dessa instituição pública singular, que jamais deve se tornar uma empresa e não pode ser reduzida a uma repartição pública qualquer. Universidades, afinal, configuram patrimônio inigualável, materializado em espaço autônomo singular, como uma aposta segura e de longo prazo da sociedade em sua independência intelectual, em seu desenvolvimento, em seu bem-estar e, enfim, em medidas elevadas do interesse comum.

O Programa Future-se é apenas uma versão, bastante caricatural (e, esperamos, passageira), dos ataques à universidade. Entretanto, não podemos deixar de analisar sua expressão mais concreta, como se não nos afetasse ou não fosse capaz de atrair defensores, inclusive internamente. Ele traduz interesses externos, que podem, por exemplo, amparar-se exatamente no déficit de representação, na natureza difusa dos regramentos sobre a universidade, que fazem com que simulacros de um Future-se possam ser gestados de dentro, de interesses centrífugos, pelos quais projetos isolados pretendem impor-se ao interesse coletivo. Por isso mesmo, enfatizamos o confronto entre projetos de universidade. Também para agentes internos, membros legítimos da nossa comunidade, a universidade pode ser tratada como mero instrumento, não como uma finalidade; ou por ela ser vista como um espaço de mobilização, como se o refinamento não a distinguisse e valorasse para além de qualquer conflito de classes; ou, de modo bem mais grave, para servir a interesses particulares, inclusive de pesquisadores que não se dão ao trabalho de colaborar com a construção do espaço público de reflexão e deliberação institucional.

4. Tensionada a sociedade, percebemos que as ameaças prosperam inclusive porque não temos formulado um projeto autêntico, claro e próprio de

universidade. Projeto que tenha expressões diversas e respeite a cultura de cada uma de nossas instituições, mas que cultive valores comuns universais de qualidade acadêmica e vida democrática. Agora mesmo, na véspera do Natal de 2019, fomos surpreendidos com uma medida provisória sobre escolha de dirigentes. Ora, se a medida governamental surpreende, fica claro, porém, que nem mesmo esse ponto crucial do exercício de nossa autonomia de gestão estava resolvido e pacificado internamente ou perante a sociedade. Com efeito, nos últimos anos, temos convivido com uma regulação repleta de falhas. Ou seja, adaptamo-nos a ela, sem resolver mais profundamente o sentido e as regras da escolha de dirigentes.

Devemos convir: se exigidas de instituições autônomas, listas tríplices não deixam de ser uma anomalia. Afinal, se indesejável a nomeação do segundo ou terceiro nomes, a lista é uma formalidade ou uma farsa; se praticada tal nomeação, a lista é uma agressão à vontade coletiva. Tal como a elaboração de listas, a falta de clareza das regras deixou marcas dolorosas em nossas comunidades. Agora o governo chega ao desplante de uma proposta indecente, exatamente para fazer valer sua vontade, substituindo a "farsa" por uma possível tragédia. E, pior, beneficiando-se da pouca clareza dos procedimentos anteriores, os defensores da medida provisória vindicam seu absurdo como se fosse uma contribuição democrática.

As palavras "democracia" e "autonomia", porém, não devem ser usadas em vão. Elas indicam valores profundos e figuram tanto em nossos discursos porque expressam conceitos fundamentais para nossas universidades. E, como bem sabe quem vive no ambiente universitário, conceitos têm história e espírito, não podem ser forçados contra sua natureza. Por isso mesmo, repugnam-lhes propostas que, ao fim e ao cabo, sabotam seu espírito. Só tem sentido usar o termo "autonomia" se o expediente a ele associado contribui para garantir o respeito a decisões tomadas segundo a vontade da própria instituição e em conformidade com seus modos de organização e seus critérios, não devendo tais decisões, por conseguinte, serem impostas por vontade externa à instituição nem construídas segundo uma compreensão a ela heterônoma. Tampouco se deve usar "democracia" caso não seja para garantir a vontade da maioria da comunidade, caso apenas sirva a palavra (então desprovida de sentido e por mero artifício retórico) para avaliar posições ou candidaturas que a maioria da comunidade claramente rejeita.

Apesar da garantia constitucional de autonomia administrativa, aceitamos e praticamos a elaboração de listas tríplices. Não enfrentamos a legislação, porque supúnhamos um acordo tácito para a nomeação do primeiro nome. Agora, todo acordo tácito foi quebrado. Quase metade das nomeações de 2019 deixou de respeitar a indicação das universidades, voltando-se as listas contra a vontade da maioria. E, para obviamente facilitar a imposição da vontade do atual governo, foi editada medida provisória (914/2019), que se pretende apresentar como mais democrática, porque, sem qualquer mediação institucional, utiliza a consulta direta à comunidade, com peso específico para as categorias de docentes, estudantes e técnicos, para elaboração de listas tríplices.

Nesse novo contexto institucional e político, a elaboração de tais listas vai ao encontro de interesses heterônomos, sendo contrária ao expediente anterior de consulta à comunidade para escolha de reitores. Em nossa boa tradição, não se faz consulta em voto uninominal para composição de uma lista. Poder-se-ia até cogitar a preservação da vontade da comunidade em uma consulta se a votação fosse feita em uma chapa, ao contrário do disposto na atual medida provisória do governo, que exige votação uninominal, mas para composição de uma lista. Em nossas universidades, a comunidade vota porque deseja escolher diretamente seu dirigente. Utilizar a consulta para composição de uma lista é, então, claro desvio de finalidade, que, aliás, se volta contra o próprio sentido da consulta. Em votação uninominal, a comunidade não vota para ver incluídos nomes que pretere ou rejeita. Utilizar a consulta para composição de uma lista torna-se, então, uma atitude nada democrática. Só pode ser proposta como se fosse democrática por quem não tem lá muita familiaridade com a noção de democracia. Da mesma forma, tem pouca noção do significado de autonomia quem despreza a vontade e a cultura de cada instituição – por exemplo, indicando um peso único para as categorias, quando cada universidade deve poder decidir o critério a ser respeitado, não cabendo, portanto, impor uma forma única. E, enfim, a própria ideia de lista se mostra indesejável, permitindo apenas que o processo de deliberação não se encerre na própria universidade e, logo, que seja quebrado o compromisso originário com a vontade autônoma da comunidade.

Conceitos alimentam valores. Também são testados pelos frutos que geram. Afinal, como reza o ditado, "jacaré não há de parir pomba". Se corretamente aplicado o conceito de democracia, vemos florescer o espírito democrático, público, transparente, não o interesse da surdina, que termina por suprimir a vontade da maioria. Ou seja, a democracia autêntica também se mostra por seus efeitos. Ela estimula o espírito democrático, ao tempo que inibe atos de quem despreza o respeito à vontade da maioria. Nesse sentido, sempre foi digna de louvor a atitude dos candidatos que se recusaram a compor listas, uma vez derrotados em uma consulta. Espíritos democráticos costumam retirar seus nomes de eventuais listas, pois não consideram legítimo se verem sequer cogitados para reitores caso não tenham tido o aval da comunidade, com o que, portanto, mostram amar mais a vontade de sua instituição que seus próprios interesses. Por isso mesmo, tendo sido derrotados em uma consulta, jamais trabalhariam nos bastidores para contrariar a vontade de sua comunidade. Esse gesto elevado é um dos que a proposta de medida provisória inibe, antes impondo a inclusão de nomes que não foram afinal eleitos. E, se uma proposta qualquer inibe o gesto democrático, se conspira contra a vontade própria da comunidade, ela pode ser defendida por quaisquer outros argumentos, mas devem seus defensores ter o pudor de não mencionar "democracia" ou "autonomia". Afinal, caso utilizem esses conceitos, só mostram que não os conhecem ou não os respeitam.

5. A universidade pública vê-se hoje ameaçada. Com efeito, como toda instituição, ela comporta vícios e virtudes. Pode ser lugar de mera repetição de saberes, reprodução de diferenças cruéis de classe e de competição pouco civilizada por posições ou recursos; porém, mais ainda, é lugar de criatividade, superação de desigualdades, de rica colaboração científica e expressão artística. Assim, diante do atual ataque, devemos pensar e escolher qual universidade queremos enfatizar e defender, qual pode ter uma função emancipadora, podendo ser lugar de produção de conhecimentos e formação cidadã competente, no interesse da cultura e da sociedade. Por isso, inclusive, associam-se em nosso título, de forma estratégica, "universidade pública" e "democracia".

O desafio é, assim, enorme, pois não fica sequer claro que defensores da ampliação de direitos tenham um projeto autêntico de universidade e, muitas vezes, desconhecem a natureza específica dessa instituição. Não podemos apenas querer mais do mesmo. A universidade necessária não pode apenas coincidir com a universidade real. E, para servir a interesses mais elevados da ciência, da formação acadêmica e de nosso povo, tem que ser pensada para além de sua condição atual, como uma aposta utópica em seu melhor potencial.

O discurso de ataque à universidade insiste que ela não é um bom negócio e que o Estado deve desobrigar-se do compromisso com o financiamento do ensino superior, concentrando-se na educação básica. Ora, os progressistas devem saber e mostrar que, bom ou mau, a universidade simplesmente não pode ser um negócio. A universidade tem uma dinâmica pela qual o aporte de recursos, caso destinados a suas atividades fins e bem controlados pelas instâncias autônomas da universidade, não se torna desperdício e, sem paradoxo, é também investimento na educação básica, que jamais poderá ter qualidade sem a pesquisa e o ensino de nível superior.

A muitos, de diversos lados, também parece absurdo conciliar excelência acadêmica e compromisso social. Ora, esse é exatamente o cerne de um projeto de universidade necessária. Cabe assim mostrar, com boas políticas e propostas, que os recursos para uma inclusão efetiva elevam o nível de qualidade geral do sistema universitário e fazem com que, enriquecido de povo, ele cresça no ensino, na pesquisa e na extensão, em novos talentos e conhecimentos, diminuindo desigualdades históricas.

Também é fundamental que os defensores da ampliação de direitos acreditem na importância da excelência acadêmica. Nós somos os principais interessados em defender virtudes acadêmicas. A diferença ideológica é que os reacionários pensam ser o mérito um direito de classe, de raça ou de gênero, reduzindo a universidade a lugar de preservação de privilégios. Para nós, ao contrário, o verdadeiro mérito prepondera, mas não como um dado absoluto e anterior à própria universidade. A qualidade deve ser construída a cada dia, ao criarmos as melhores condições para a pesquisa científica e o ensino superior, mas também condições múltiplas para uma inclusão efetiva, aprofundando ações afirmativas, combatendo resquícios de discriminação institucionalizada e superando, enfim, as desigualdades pelo brilho mais forte e intenso de nossa gente.

PARTE I

UNIVERSIDADE E DEMOCRACIA

CONHECIMENTO E UNIVERSIDADE*

a Benedito Leopoldo Pepe

1. No semestre de verão de 1965, Jürgen Habermas assume a cátedra de filosofia e sociologia que pertencera a Max Horkheimer e profere a aula inaugural da Universidade de Frankfurt. O texto dessa célebre conferência intitula-se "Conhecimento e interesse", antecipando o título e, em parte, o conteúdo de um de seus livros mais importantes, lançado em 1968[1]. Trata-se, sem dúvida, de um documento precioso, refinado, do qual analisaremos apenas o fragmento inicial. Um fragmento de pouco mais de uma página nos servirá hoje de fio condutor, e procuraremos mostrar, nesta aula, como ele comporta, ao mesmo tempo, profundidade teórica e ironia.

São bem conhecidos os elementos básicos da teoria habermasiana dos interesses cognitivos, teoria então enunciada pela primeira vez. Como sabemos, Habermas rechaça a ilusão objetivista, segundo a qual o mundo é concebido como um universo de fatos independentes do sujeito do conhecimento, a quem caberia, contudo, descrevê-los enquanto tais. Além disso, tematiza os marcos de referência em que se situam os diferentes tipos teóricos e classifica os processos de investigação em três célebres categorias, que se distinguiriam por suas estratégias cognitivas gerais. Finalmente, conferindo-lhes um estatuto

---

* Aula inaugural do primeiro semestre letivo de 2005 da Faculdade de Filosofia e Ciências Humanas da UFBA. (N. E.)

[1] Cf. Jürgen Habermas, "Conhecimento e interesse", em *Técnica e ciência como "ideologia"* (Lisboa, Edições 70, 1987). Nós nos servimos da tradução portuguesa da coletânea *Technik und Wissenschaft als 'Ideologie'* (Frankfurt, Suhrkamp, 1968), introduzindo, à luz do original, algumas poucas alterações, por oportunas ou necessárias.

quase transcendental, faz remontar esses interesses à história natural da espécie humana, na qual reconheceria as raízes do interesse técnico, do interesse prático e, sobretudo, do interesse emancipatório[2]. Entretanto, por interessante e sagaz que o seja, conquanto abandonada por seu autor, a teoria de Habermas não é nosso objeto. E não por seu abandono (pois isso, na verdade, só a torna um capítulo instigante da história do pensamento), mas antes por nos servirmos aqui, sobretudo, de sua estratégia singular de exposição, da qual, em suma, distorcendo-a e exagerando-a, tomamos um ponto inicial de inflexão, o que nos permitirá, enfim, relacionar conhecimento e universidade.

2. Detenhamo-nos, pois, no detalhe da estratégia discursiva habermasiana e leiamos seu texto mais por sua retórica inicial que por suas proposições. Afinal, precisamos com frequência procurar o sentido de um texto (como, aliás, o caráter de um homem) onde costuma esconder-se – a saber, na superfície. Em sua conferência, Habermas remonta a uma extensa tradição ocidental, ou melhor, reinventa uma extensa tradição, cifrando-a segundo um aspecto-chave, qual seja, o que separa, para melhor valorá-lo, conhecimento de interesse. Com efeito, é bastante natural que se sirva dos gregos. No caso, destaca um texto célebre de Platão, o *Timeu* – sem dúvida, um belo exemplo. Nele, afinal, ao contrário das sequências descritivas de retorno ao ideal, de elevação do diverso ao uno, das sombras às ideias (como em *A República* ou *O Banquete*), Platão esclarece o difícil tema da ligação entre o sensível e o inteligível pela passagem deste incriado ao criado, do necessário ao contingente; portanto, daquilo que sempre é e não tem devir ao que sempre se torna sem nunca poder realmente ser.

> O tempo nasceu com o céu para que, nascidos juntos, também juntos de novo se dissolvam, caso alguma vez ocorra que devam dissolver-se. O tempo foi feito segundo o modelo da realidade eterna, a fim de que lhe seja o mais semelhante possível, à medida de sua capacidade. O modelo é, pois, ser de toda eternidade; o céu, pelo contrário, desde o início e pela duração afora, foi, é e sempre será.[3]

Na mitologia do *Timeu*, um artesão divino, um demiurgo, monta o sensível a partir de modelos matemáticos, numa estratégia de exposição do mundo que,

---

[2] Cf. Thomas McCarthy, *La teoría Crítica de Jürgen Habermas* (Madri, Tecnos, 1987), cap. 2.

[3] Platão, "Timaios", em *Sämtliche Werke*, v. VIII (Frankfurt, Insel, 1991), p. 38b-c.

aplicada a questões políticas, bem poderíamos chamar de "reacionária". Uma estratégia reacionária, se tem algum aspecto meritório, consiste em projetar a utopia não para o futuro, mas exatamente para o passado. Não por acaso, é também no *Timeu* que Platão compara a Atenas pré-histórica, voltada para a interioridade, para a procura reflexiva de sua identidade, com a Atlântida, voltada para fora, para a conquista. A questão utópica, então crítica ácida e reacionária a sua Atenas contemporânea, bem pode ser formulada assim: como chegamos a este ponto de degradação?

Fundamental no texto, tal como resgatado, além de ecos importantes de uma estratégia reacionária de exposição da teoria, é o modo singular como nele Platão apresenta o mito do contato entre Ser e Tempo, o ponto em que *teoria* e *cosmos* se tocam e, logo, mostram sua irredutibilidade, firmando-se a teoria como contemplação. Por esse aspecto de decantação da teoria, Habermas nos relembra, com aparente inocência: "A palavra 'teoria' remonta a uma origem religiosa: *theoros* era o nome do representante que as cidades gregas enviavam aos festivais públicos. Na *theoria*, isto é, mediante a contemplação, ele se alienava no acontecer sagrado"[4].

Em sua origem, portanto, vale a ênfase, não poderíamos separar função cognitiva de interesse público, conquanto a linguagem filosófica pareça fixar-lhe uma clivagem como condição mesma de sua identidade. A separação, por assim dizer, inventa e distingue a própria filosofia como atividade contemplativa excelsa. A contemplação é aqui separação, um recolhimento ao ponto por que se podem medir e limitar o Ser e o Tempo: "Quando o filósofo contempla a ordem imortal, não pode deixar de ele próprio assemelhar-se à medida do cosmos, recriando-o também em si"[5]. Lugar teórico, a filosofia reproduziria como método o mesmo afastamento, repetiria a ruptura, renasceria pela repetição por que *lógos* e *dóxa*, discurso racional e opinião, sempre seriam discerníveis.

3. Outros caminhos exemplificam a distinção entre um saber dos princípios e um saber das coisas. Do ponto de vista da mais forte tradição ocidental, e como contraponto clássico a Platão, é quase irresistível a menção a Aristóteles

---

4   Jürgen Habermas, "Conhecimento e interesse", cit., p. 129.
5   Ibidem, p. 130.

para apresentar o conhecimento segundo uma escala progressiva em direção às causas primeiras, e regressiva diante de sua utilidade.

No texto talvez mais célebre da metafísica ocidental e, certamente, dos mais influentes, a ponto de coincidirem suas distinções com algo talvez chamado de senso comum, Aristóteles afirma tender o homem, por natureza, ao saber[6]. Entretanto, para demonstrar essa inclinação natural à sabedoria e fazer ciência com a afirmação mesma da cientificidade, Aristóteles enuncia como sua prova mais elementar um dado deveras distante do conhecimento: o prazer que temos com as sensações. Que faça começar no território do sensível a fundamentação mais forte do inteligível é a primeira surpresa dessa trama sutil, com a qual o prazer mais instantâneo transforma-se em prova da prioridade do saber pelo saber, com a sensação sendo chamada a vindicar quase sozinha o conceitual[7].

No sensível, portanto, e, em especial, em sua repetição, poderíamos reconhecer a ocorrência de um mesmo passível de predição, de uma experiência que (da mesma natureza que a ciência e a arte) nos afastaria do mero acaso – e isso no campo mesmo do contingente. Com efeito, parece ter mais chance de acerto quem acumulou observações sobre um assunto determinado, ainda que tal soma seja apenas *Erlebnis*, não *Erfahrung* – "experiência", não "experimentação". A experiência, *empiria*, momento inicial do pensamento, comporta já a substituição do repouso pelo movimento e, como diz Granger, caracterizar-se-ia pela aparição de um objeto simbólico, transcendendo a multiplicidade dos sensíveis individuais[8]. Desse modo, fonte comum à arte (*techné*) e à ciência (*epistème*), a *empiria* introduz a visada de um universal para além da mera comunidade dispersa dos sensíveis. À diferença da simples memória (encarnada no reino do sensível e, por isso mesmo, múltipla), a experiência é una: "É o universal em repouso todo inteiro na alma, a unidade oposta ao múltiplo, isso que permanece um e o mesmo nos seres singulares"[9].

---

[6] Cf. Aristóteles, *Metafísica* (São Paulo, Loyola, 2002), A 1, 980 a1-982 a3.

[7] "Esse prazer da sensação inútil [mas a mais colada ao mundo, como se fora sua pele, seu contato, seu interesse instalado] explica o desejo de saber por saber, do saber sem finalidade prática." Jacques Derrida, *O olho da universidade* (São Paulo, Estação Liberdade, 1999), p. 125.

[8] Cf. Gilles-Gaston Granger, *La Théorie aristotélicienne de la science* (Paris, Aubier Montaigne, 1976), p. 21.

[9] Aristóteles, "Analíticos posteriores, II, 100 a 6", citado em Gilles-Gaston Granger, *La Théorie aristotélicienne de la science*, cit., p. 21.

A experiência nos ensina da doença de Kalias e de Sócrates, bem como de sua cura; pela arte, todavia, nós os consideramos sob um conceito único e os reunimos, permitindo-nos concluir que tal remédio curará a todos que acaso sofram do mesmo mal. A arte unifica a experiência, descobre-lhe a identidade em um patamar mais elevado, sendo de grande eficácia. Assim, tendo arte, e não apenas simples experiência, contando com um conjunto de procedimentos voltados à produção de um resultado, tudo teria para alcançar sucesso prático quem porventura aplicasse um juízo universal a casos que a experiência acumulou e, suavemente, jungiu como semelhantes. A passagem da experiência à arte prolongaria exatamente esse processo latente de unifi-cação e abstração, sem o qual a arte nada poderia destacar ou produzir. Se a experiência associava indivíduos a uma imagem genérica, a arte recolhe esses indivíduos sob um conceito, concernindo decerto o universal, mas, além disso, esse mundo de geração, essa variedade sensível e individual. Afinal, dirá Aristóteles, curamos, sim, o indivíduo quando, por acidente, curamos o fleumático, o febril ou o bilioso.

Não obstante, porém, essa virtude da inteligência "poiética" da arte, voltada à produção e à ação, por comparação com a ciência da inteligência teórica, votada tão só ao conhecimento, é para este (o conhecimento em suas formas mais elevadas) que o texto mobiliza suas categorias, não sendo trivial que, de alguma forma, sejam de mesma natureza isso que se nos dispõe no sensível, exigindo uma vivência, e o que dele, no extremo oposto, nos pode alcançar pelo ensino, porquanto se realiza em puros conceitos e, com isso, é passível de demonstração. O texto aristotélico prossegue assim seu movimento de unifica-ção e abstração, concedendo à ciência traços distintivos essenciais e, finalmente, os mais elevados. Se a arte comporta conhecimento das causas, distingue-se dela a ciência por valer por si mesma e, em suma, por seu desinteresse. Por isso, restrita a arte ao mundo da geração e corrupção, a ciência pode concernir ao mundo do ser, sendo seu objeto necessário e eterno.

As passagens da sensação à ciência têm, pois, mais que um sentido, uma razão de ser. Da simples memória (persistência da sensação), por meio da experiência (cujo mesmo recolhido fornece o ponto de partida para a noção), podemos chegar à noção ela mesma, liberada da multiplicidade dos casos particulares, tanto para a técnica (que ainda não é ciência) como, enfim, para a ciência, para o conhecimento do próprio real. Essa gênese da ciência a partir dos dados sensíveis, que por tudo constitui uma crítica ao platonismo, não deixa de perfazer uma semelhante defesa da vida contemplativa, não sendo neutra a progressão por que se realiza, enfim, o elogio da *theoria*. Com isso,

> a despeito da utilidade do conhecimento empírico e mesmo de sua utilidade no domínio da prática, damos preferência ao artista sobre o homem de experiência, ao chefe sobre os operários, à ciência sobre a sensação, às belas-artes sobre as artes utilitárias, às ciências teóricas sobre as belas-artes e, enfim, à sabedoria propriamente dita [no caso, permitam-nos dizer], à filosofia sobre todas as disciplinas inferiores.[10]

A instalação nos sentidos resulta, pois, no mais célebre elogio ao conhecimento desinteressado, à procura progressiva do porquê, à ciência e à vida contemplativa, por oposição ao conhecimento útil, ao acúmulo repetido do que tanto nos confronta como nos acolhe, à experiência e seus interesses práticos, à vida ativa[11].

4. Quisemos opor Platão e Aristóteles, mas, sobretudo, para os aproximar. A oposição, na verdade, tão só confirma a estratégia de Habermas. Mais ainda, nós o fizemos para ressaltar um aspecto deveras sutil de sua contextualização retórica da teoria dos interesses cognitivos. Lado a lado, como em uma enumeração cumulativa, Habermas dispõe a teoria tradicional e a teoria crítica, apresentando sem solução de continuidade a perspectiva de seu predecessor na cátedra (Horkheimer, que, aliás, muito se opusera à sua carreira), a fenomenologia e mesmo o positivismo, que todos desejariam refutar. Tão forte é a tradição que a escolha parece até irrelevante, de modo que, sob certos aspectos, a teoria crítica mal podia pretender formular-se como oposta a uma teoria tradicional, não lhe sendo imiscível. Não por acaso, podem ser retomados tanto um Platão como um Husserl, pois até a filosofia clássica e o positivismo possuiriam traços comuns. Em primeiro lugar, a teoria aparece como contemplação do cosmos, sendo-lhes comum "a atitude teórica que libera os que a adotam dos contextos

---

[10] Nota de J. Tricot à sua tradução da *Metafísica*, em Aristóteles, *La Métaphysique* (Paris, Vrin, 1981), p. 1.

[11] Ao retomar Aristóteles, avivamos também os laços entre esta aula de 1965 e a extensa reflexão anterior que opunha *theoria* e *praxis*. Cf. Thomas McCarthy, *La teoría crítica de Jürgen Habermas*, cit., cap. 1.

dogmáticos e da influência perturbadora que exercem os interesses naturais da vida"[12]. Por outro lado, pretendem descrever o universo como ele seria, em sua ordenação, secretando ambos o pressuposto ontológico de um mundo estruturado e, logo, descritível, pouco importando aqui a medida proposta para um desvelamento ou uma redução.

Mesmo tradições em aparência irreconciliáveis (como a fenomenologia de Edmund Husserl e a filosofia quiçá analítica de Ludwig Wittgenstein) podem reconhecer-se em uma mesma oposição aos resultados da transformação da teoria do conhecimento em teoria da ciência. Como afirma Habermas, "Husserl não cuida das crises nas ciências, mas da sua crise enquanto ciência, pois 'esta ciência não tem nada a dizer a respeito de nossa miséria'"[13]. Com efeito, em seu livro *A crise das ciências europeias e a fenomenologia transcendental*, Husserl enuncia com vigor a situação paradoxal por que a ciência cada vez mais acumula ganhos teóricos e conquistas práticas, contribuindo, todavia, cada vez menos para a unidade formadora do homem. Assim como a história não confessa, tampouco o conhecimento científico redime, sendo a hipóstase da ciência uma forma possível de heteronomia radical – por sinal, como Adorno e Horkheimer já o tinham analisado.

Ora, tal diagnóstico é referendado por completo por uma oposta tradição analítica, com o agravante de um Wittgenstein não reproduzir, em seu *Tractatus Logico-Philosophicus*, uma crise específica e historicamente datada; ele antes separa em definitivo, em qualquer circunstância, o campo do significativo de qualquer possível relevância. Se a obra de Husserl é ainda um trabalho nostálgico de epistemologia, defesa de uma teoria do conhecimento desejosa de contrapor-se à sua redução histórica (e, logo, contingente) a uma mera teoria das ciências, a obra de Wittgenstein, no mesmo espírito de recusa de tal redução, renuncia, inclusive, a ser uma epistemologia, recuando ao campo mais radical de uma lógica filosófica. Com Wittgenstein, chegamos ao ápice de uma crise, nunca tendo sido tão radical a separação possível entre filosofia e ciência nem tão plena a negatividade do empreendimento filosófico. Agora, se o filósofo não pretende fazer epistemologia, é também por não encontrar qualquer possibilidade de redenção pelo conhecimento, uma vez que este, na

---

[12] Jürgen Habermas, "Conhecimento e interesse", cit., p. 131.
[13] Ibidem, p. 130.

definição de sua possibilidade essencial e definitiva, em nada contribuiria para uma possível ampliação do mundo dos felizes.

O que pode ser dito pode ser dito claramente. O mundo resolve-se em fatos, suas menores unidades significativas, não sendo o correlato da linguagem mais que a aplicação sucessiva da operação lógica de negação ao conjunto das possíveis proposições elementares. Arranjos de eventos, concatenações de objetos, relações constantes entre índices, combinações cuja forma possa ser descrita: em um sentido bastante essencial, parece ao filósofo que tais fatos são tudo o que pode ser dito, circunscrevendo-se à sua enunciação todo o possível labor significativo. Nesse campo, então, sobre o qual se derramam nossas hipóteses das mais triviais às mais sofisticadas elaborações científicas, tudo pode ser reduzido, em última instância, a um amálgama de proposições, cada qual de mesmo valor, ou seja, a outros simples fatos e, portanto, a nenhum valor. Alguns se alegrariam (e muitos efetivamente se alegraram!) em ler nesse momento teórico uma vitória plena de um olhar cientificizante, imune a crenças, pleno de progresso, neutro, não religioso, desprovido olimpicamente de qualquer consideração moral. Pensaram até poder enunciar a meta doravante acadêmica: expurgar qualquer proposição que não seja verificável. Meta que transformaria a ciência em valor de si mesma.

Tal leitura positivista, é óbvio, repugna à obra de Wittgenstein, contra certa história de sua recepção pelo Círculo de Viena. Um episódio algo anedótico mostra isso com suficiência. Wittgenstein desejou publicar o *Tractatus Logico-Philosophicus*. Esforça-se, então, para explicar ao desejado editor o sentido do livro, escrevendo-lhe uma carta que começa com a frase estupenda: "Não se preocupe que não vai entender meu livro". Depois, entretanto, concede: "Talvez entenda, se levarmos em conta que o sentido do livro é um sentido ético". Seu livro pretenderia, pois, de uma vez por todas, traçar um limite para a expressão dos pensamentos e teria, assim, duas partes: aquela efetivamente escrita e uma outra que não escrevera, pois tampouco poderia ser escrita. E esta segunda parte, sim, afirma eloquente ao editor: "Exatamente essa segunda parte é a importante"[14]. Foi assim que pôde traçar, do interior da linguagem, de dentro da possibilidade da significação, o limite do ético.

---

[14] Cf. Carta de Wittgenstein a Von Ficker, de outubro ou novembro de 1919, em L. Wittgenstein, *Briefwechsel mit B. Russell, G. E. Moore, J. M. Keynes, F. P. Ramsey, W. Eccles, P. Engelmann und L. von Ficker* (Frankfurt, Suhrkamp, 1980), p. 96.

Com efeito, não haveria ciência da ética. Se há ciência de tudo o que pode ser dito, não há ciência do todo, uma que colhesse o sentido do mundo, que não se reportasse a fatos. Afinal, não se reduzindo a fatos, o valor ultrapassaria os limites do que pode ser dito. No entanto, no mundo, "tudo é como é e tudo acontece como acontece; não há nele nenhum valor – e, se houvesse, não teria nenhum valor"[15]. Não há isso então que seria uma ciência da ética. "Proposições, dirá, não podem exprimir nada de mais alto."[16] O que pode ser dito, coincidindo com o trabalho das ciências, não toca, portanto, em questões essenciais: "Sentimos que, mesmo que todas as questões científicas possíveis tenham obtido resposta, nossos problemas de vida não terão sido sequer tocados"[17] – tampouco nossa miséria.

5. Habermas atravessa, em poucas linhas, a história da filosofia, dos pré-socráticos a nossos contemporâneos. É natural que cometa algumas injustiças (nada inocentes), e algumas aproximações, por abruptas, sabem mais à ironia que ao rigor. Podemos, por exemplo, duvidar de uma unidade que paira sobre pensamentos tão diversos, como se termos filosóficos centrais pudessem sobreviver intactos a suas próprias encarnações sistemáticas. Em todo caso, a seleção do aspecto (a saber, a separação entre conhecimento e interesse) lança boas luzes sobre a história natural de nossas categorias transcendentais e revela grande argúcia argumentativa.

Nesse sentido, tampouco é gratuita sua singela frase inicial. Retornemos, pois, ao começo mesmo do texto, que, sem cerimônia, enuncia uma trivialidade, um mero fato: "Durante o semestre de verão de 1802, Schelling profere em Iena suas lições sobre o método dos estudos acadêmicos. Na linguagem do idealismo alemão, ele renova enfaticamente aquele conceito de teoria que a grande tradição filosófica desde sempre afirmara"[18].

Não podemos descartar um aspecto biográfico relevante e nada desprezível na menção, tendo sido Schelling o objeto de sua tese de doutorado. Esse aspecto, entretanto, é secundário. O começo é emblemático, confessa um contexto, o lugar de onde parte a reflexão de Habermas, isto é, de um projeto específico

---

[15] L. Wittgenstein, *Tractatus Logico-Philosophicus* (São Paulo, Edusp, 2001), 6.41.
[16] Ibidem, 6.42.
[17] Ibidem, 6.52.
[18] Jürgen Habermas, "Conhecimento e interesse", cit., p. 129.

de universidade. Para um intelectual europeu, tal menção a Schelling reporta ao momento de intenso debate na Alemanha, que resultou nas bases teóricas da futura Universidade de Berlim, criada em 1810, sobre modelo fixado por Humboldt. Entre projetos distintos, o de Fichte e o de Schleiermacher, Humboldt prefere este último, de sorte que, diante da dupla tarefa de produzir uma ciência objetiva e uma formação subjetiva, subordina a formação subjetiva à tarefa de produção infinita do saber. Talvez tenhamos aqui um bom exemplo de má infinitude, porquanto se desnatura, ao tempo que pode cumprir-se. Com efeito, essa convicção do idealismo alemão acerca do papel formador da ciência, malgrado a pretensão de eternidade que a anima, conflita com a atual realidade da ciência e se mostra anacrônica. "As ciências proporcionam agora um poder específico: mas o poder de disposição que elas ensinam não equivale à capacidade de viver e de agir, que outrora se esperava do homem cientificamente formado."[19]

Por sua feita, a proposição mais utópica de Fichte fazia preponderar, ao contrário, a formação subjetiva. Nesse sentido, eivado de um sentimento mais forte para a sublimidade e a dignidade, Fichte pôde dirigir-se como sábio a seus alunos – alunos que também só podia entender como doutos, dos quais discerne a vocação: "Todos aplicais toda a vossa força para, com honra, poderdes ser contados na ordem dos sábios; e eu fiz, e faço, a mesma coisa"[20]. E esses sábios, definidos enquanto tais em função da sociedade (pois só existiriam "graças à sociedade e para a sociedade"), não se reconheceriam em uma instituição voltada para a simples reprodução de livros outrora raros. Votariam seus esforços, primeiro, para o emprego autônomo do entendimento científico e, segundo, para sua realização em obras, de sorte que, como instituição, a universidade a construir-se submetia-se por uma determinação de sua identidade a um desafio.

> Assim como tudo que alega o direito à existência, tem a obrigação de *ser* e *produzir* o que *nada* é capaz de ser e produzir, ao mesmo tempo garantindo que sempre preservará o seu caráter: assim também deve proceder a universidade [...], pois, em outro caso, ela é fadada a desaparecer.[21]

---

[19] Idem, "Progresso técnico e mundo social da vida", em *Técnica e ciência como "ideologia"*, cit., p. 99.

[20] J. G. Fichte, *Lições sobre a vocação do sábio* (Lisboa, Edições 70, 1999), p. 55.

[21] Idem, *Por uma universidade orgânica* (Rio de Janeiro, EdUERJ, 1999), p. 28.

O modelo de Humboldt, que conformou a organização das instituições científicas superiores, comportaria princípios ainda atuais, mas não parece resistir ao desafio de Fichte[22]. Habermas denuncia seus compromissos com uma sociedade pré-industrial e seus compromissos com a ideia clássica das relações entre a teoria e a prática, referindo-se a teoria "à essência imutável das coisas para lá do âmbito mutável dos negócios humanos", mas adquirindo validade na atitude vital de homens que, filosoficamente cultivados, inferem de sua atitude contemplativa normas para seu comportamento individual[23]. Entretanto, por tal subordinação agora anacrônica, o modelo de Humboldt ver-se-ia questionado, colocando-se de novo, como um desafio, a questão primacial de Fichte – embora não sua solução, uma vez que a formação subjetiva destinada simplesmente aos sábios deve dar lugar a outra conformação, a outra cidadania universitária.

Eis, pois, quanto de projeto político se oculta em sua menção inicial a Schelling. Habermas nunca deixou de colocar-se tarefas generosas. Na década de 1960, já sendo uma celebridade na Alemanha, boa parte de sua energia intelectual e de seus estudos acadêmicos tinham como alvo a reforma na universidade. Por um lado, fala então sobre o conhecimento do lugar da universidade, de certo lugar onde costuma realizar-se o projeto mesmo da teoria. Por outro lado, pode falar da universidade a partir de uma reflexão radical sobre o conhecimento, a única que, portanto, poderia vindicar o sentido de uma instituição científica superior. Com isso, Habermas pode até apontar a limitação de projetos utópicos de extração fichteana: estaria ultrapassada pela realidade a simples ideia de uma formação essencialmente privada, por meio da qual transformar-se-ia o saber em obras, pois o conteúdo informativo das ciências não penetraria agora o mundo da vida exceto por um desvio, o das consequências práticas do progresso técnico, prestando-se tão somente à ampliação do nosso poder de disposição técnica, e não à nossa formação. Longe de qualquer ilusão, a tarefa universitária em uma civilização marcada por completo pela ciência transfigura-se, restando-nos enfrentar "o problema de como se pode hoje efetuar a reflexão sobre a conexão, ainda espontânea, entre

---

[22] Cf. Wilhelm von Humboldt, "Sobre a organização interna e externa das instituições científicas superiores em Berlim", em G. Casper; W. Humboldt, *Um mundo sem universidades?* (Rio de Janeiro, EdUERJ, 2003).

[23] Cf. Jürgen Habermas, "Progresso técnico e mundo social da vida", cit., p. 98.

progresso técnico e mundo social da vida, e como submetê-la ao controle de uma discussão racional"[24].

E a própria classificação tradicional dos saberes, antes unificados pelo signo da teoria, dilui-se no modo como as ciências hoje penetram na práxis vital, tornando-se a autonomia individual dependente de uma forma radical de heteronomia. Agora, não podendo resolver-se o processo formativo no interior da história vital de cada estudante, dirá Habermas, a transformação do saber em obras resolve-se "no campo politicamente relevante da tradução do saber tecnicamente utilizável no contexto do nosso mundo vital"[25].

Isso, porém, é Habermas, e não pretendemos avançar mais em suas posições já algo envelhecidas sobre a universidade nem substituir a reflexão sobre nossa realidade pela realidade alemã. Nossa intenção foi apenas escandir a relevância desse começo singelo por que se reflete a respeito da universidade tendo em conta dimensões mais essenciais do conhecimento. Com isso, por comparação, podemos lamentar certo amesquinhamento no atual debate sobre a reforma universitária – debate que, à maneira positivista, toma a universidade como um dado, restringindo-se a seguir ao exame de variações possíveis, em geral as relativas a formas de organização e de financiamento. Ao contrário, de um ponto de vista filosófico que não recuse a reflexão, o debate só pode ter sentido na dimensão elevada que interroga a universidade em seu próprio direito à existência – no caso, segundo a determinação do próprio conhecimento que, nesse lugar, segundo seus interesses e os da sociedade, é lícito produzir. Lembrar essa dimensão constitutiva, segundo cremos, é parte da missão de uma faculdade como a nossa. Afinal, situados na taxinomia kantiana na ordem das faculdades inferiores, é também nossa a tarefa elevada de refletir sobre o sentido mesmo e a possibilidade do conhecimento.

6. Que lugar então é este, a universidade? Com que direito pode justificar sua existência? Durkheim nos ensina que o termo *Universitas*, em sua origem, remonta tão só a uma corporação definida pelo reconhecimento de algumas regras. Esse termo, tomado de empréstimo da linguagem jurídica, teria o sentido

---

[24] Ibidem, p. 96.

[25] Ibidem, p. 97.

apenas de uma associação dotada de unidade. Em suma, sua conformação original remonta ao interesse de mestres na formação de novos mestres, sendo apenas derivada a ligação futura e indissolúvel do termo à ideia de estabelecimentos de ensino[26]. Contudo, não é por saudosismo que recuperamos esse sentido perdido, sufocado pela tarefa de desenvolvimento máximo da ciência. Tendo surgido como corporação, na qual, em sua origem, o interesse gregário prevalecia sobre qualquer contemplação, a universidade ocupa hoje, em seu sentido mais autêntico, uma posição especial em nossa sociedade.

> A universidade é um lugar, talvez o único lugar de confrontação crítica entre as gerações, um lugar de experiências múltiplas, afetivas, políticas, artísticas, por completo insubstituíveis [...]; lugar de concorrência entre saberes, de seu colocar-se em questão e, portanto, forma insubstituível de espírito crítico e cívico, de espírito cívico crítico, lugar que viria a desaparecer atrofiando toda reflexão geral, aquela capaz de ultrapassar os limites das especializações disciplinares e das competências economicamente funcionais.[27]

Tendo assim em conta sua instalação, a universidade, obrigada a colar-se a seu tempo, torna-se também inatual – como, de resto, a filosofia. Um lugar assim, se tem direito a existir, renova o sentido de *Universitas*. Mais que consórcio, é lugar que deve guardar a diversidade, criando as condições comuns para uma identidade do diverso na produção do conhecimento. Por sua natureza, por guardar as próprias condições da argumentação, nela prevalecem os interesses da autonomia e da emancipação sobre quaisquer outros. Afinal, a essência da atividade acadêmica não está nos trabalhos de ponta, no gesto olímpico, nos trabalhos que mais atendem a demandas urgentes da sociedade ou ainda no gênio incomunicável de um que outro pesquisador, como se a universidade, sob o signo da urgência, se destinasse apenas a ser um centro de excelência, uma organização de pesquisa, devendo ser financiada segundo rígidos critérios das instituições de fomento. Ao contrário, por nossa essência, somos antes desafiados por uma reflexão que, partindo desse lugar, naturalmente exige o primado da palavra e preserva, contra a urgência do tempo, a paciência do conceito[28].

---

[26] Cf. Émile Durkheim, *L'Évolution pédagogique en France* (Paris, PUF, 1990), p. 106-7.

[27] Association de Réflexion sur les Enseignements Supérieurs et la Recherche, *Quel ques diagnostics et remèdes urgents pour une université em péril* (Paris, Raisons d'Agir, 1997), p. 120-1.

[28] Retomamos, quase ao pé da letra, algumas considerações sobre a universidade desenvolvidas no artigo "O nó górdio da universidade", *Jornal Laboratório*, 1º maio 2002.

Uma instituição qualquer, em sociedade, deve justificar seu direito à existência. Essa, a lição de Fichte. E, não sendo tal justificativa mera formalidade, expressa-se ela no modo por que a instituição se reproduz, em como se realiza. A universidade, então, renova-se também como certo luxo necessário da sociedade, pois não produz apenas profissionais para o mercado nem pode determinar-se por ele; antes, constitui-se ela própria privilegiado espaço de sociabilidade, no qual ela revive por seus próprios rituais, refaz-se em novos pesquisadores, performa-se de cidadãos. Uma instituição que, ao contrário, não se demora, que não se dá ao luxo da reflexão, não é certamente uma universidade.

Não quisemos trazer à baila a temática mais recente sobre a reforma universitária nem sua pauta, mas antes indicar dimensões mais essenciais que, de um ponto de vista filosófico, podem aí estar em jogo. Apenas isso, sobretudo por ser este um momento de festa, um momento de acolhida a novos futuros mestres, a novos parceiros em defesa do conhecimento e da universidade. Em um momento assim, não cabe pensar com amargor nem podemos temer um tom mais empático diante de tal tema. Ademais, só uma perversão da natureza humana nos leva a julgar que o cinismo é sinal de inteligência; apenas certa veleidade do espírito pode levar-nos a preferir Mefistófeles a Fausto, como se o crítico fosse sempre mais sagaz que o dogmático, e o pessimista, mais arguto que o otimista. É como se essas faces do negativo, herdeiras de uma tradição mefistofélica, mirassem algo que ainda não vimos ou não quisemos ver. Essas faces, entretanto, segundo quisemos aqui crer, são cegas para a utopia. E, estando com os pés plantados em são Lázaro, foi sobre um pouco de utopia que pretendemos falar. Afinal, procurando estar em uma universidade, essa não é mais que nossa obrigação: somos condenados à utopia por dever de ofício.

PENSAMENTO E UTOPIA
Breves anotações militantes sobre a universidade

1. A universidade parece ser ambiente propício ao pensamento utópico e, por isso mesmo, à filosofia. Não foi sem surpresa, e mesmo com algum sabor de escândalo, que primeiro me deparei com o severo diagnóstico que Wittgenstein enuncia sobre a universidade. Ela não seria o lugar do pensamento. Por isso mesmo, não hesitava em sugerir a seus melhores alunos que se afastassem desse ambiente rarefeito e inóspito para o pensamento e se dedicassem a profissões mais úteis à sociedade. Mas, então, por que ele mesmo continuava sendo um professor universitário? Ora, retrucava, ele criaria sua própria atmosfera[1]. Separar assim universidade e pensamento causou-me tanto impacto, confesso, quanto o teve para mim o célebre verso de Augusto dos Anjos "O beijo, amigo, é a véspera do escarro", que eu lera menino e, pasmem, mencionava secreções – e mais: em uma poesia!

Sendo a filosofia contemporânea, de modo quase ineludível, uma coisa universitária, por que a universidade lhe seria, enfim, tão inóspita? A reação de Wittgenstein seria uma mera idiossincrasia? A resposta é talvez trivial, podendo ser reencontrada em diversas reações na história da filosofia. Essa velha instituição seria, afinal, 1) o lugar da repetição, do pensamento com hora marcada e, logo, de negação da presença do espírito na palavra – estando, pois, a repetição na sala de aula para o trabalho do pensamento como

---

[1] Aqui caberia um cuidado com o significado de 'atmosfera', uma vez que as expressões anímicas desafiam a autonomia da gramática. Entretanto, é difícil escapar a certas imagens, mesmo em contexto wittgensteiniano. Afinal, atmosfera é o que confere significado, o que alimenta, dá vida, identidade.

estaria talvez a palavra escrita em relação à fala viva do filósofo, revivendo ambas parcialmente um sentido que nunca poderiam recuperar de todo; 2) o lugar da reprodução, e, desse modo, sua defesa do mérito apenas velaria as diferenças que reproduz e que, por mais que as encubra, não deixariam de lhe ser exteriores; 3) o lugar da competição, por recursos, por prestígio, por poder, nada sendo mais distante do pensamento e nada mais próximo da fúria de políticos ou da miopia de burocratas; 4) o lugar de uma militância cada vez mais seletiva, que encobre exatamente os interesses que enuncia, sendo talvez a inimiga íntima e destruidora do valor universal que a universidade pode ter e, mesmo vetusta anciã, pode conferir-lhe um sentido utópico, muitas vezes difícil de agarrar ou pressentir em seu dia a dia. Esse paradoxo de uma militância seletiva é talvez o mais grave e perigoso, uma vez que, desenhada idealmente, a militância deveria tender à universalidade, sendo capaz de acolher o outro e não apenas defender, muita vez ocultando-os, seus próprios interesses.

A contrapelo dessas fortes imagens, que bem justificariam a reação de Wittgenstein e de tantos outros filósofos e cientistas, pois não são fúteis e mesmo estão bastante amparadas em dura realidade universitária, queremos explorar o potencial utópico que torna a universidade, sim, um lugar privile-giado do pensamento. Em nossa apresentação, pretendemos, portanto, testar a natureza desse ambiente – não por referência a índices de produção, que lhe mostrem o vigor científico ou lhe redimam, na produção final de verdades, dos brutais procedimentos que a sedimentam, mas sim pelo confronto e a articulação de dois modelos de sociabilidade acadêmica, um "cartesiano" e outro "maquiavélico", na falta de melhores termos. Pretendemos testar esse meio pela natureza da militância política ou cultural que abriga ou, sobre-tudo, pode abrigar, tomando como ponto de partida a ideia singela de que o militante (não seletivo), em todas as dimensões, é o portador da utopia. Pretendemos, assim, ver (não como resultado de análise histórica ou polí-tica, mas antes pela constituição de um quase tipo ideal) em que medida o ambiente da universidade favorece um vínculo especial entre energia pessoal e interesse coletivo.

2. Desloquemos, então, pensamento e utopia para o chão específico da universida-de. Ora, o lugar é propício e desafiador. A universidade não é um objeto, um quê,

mas um sujeito coletivo, um nós, um quem[2]; entretanto, é um quem desconexo, esgarçado por interesses conflitantes, centrífugos, cuja unidade essencial parece sempre ameaçada e cujos propósitos definidores precisam sempre ser lembrados. É boa, nesse sentido, a perspectiva fichteana, segundo a qual a universidade seria uma instituição que sempre precisa justificar o próprio direito à existência.

Que lugar, então, é esse, a universidade? Com que direito pode justificar a existência essa entidade em cuja origem estaria a ideia de uma associação dotada de certa unidade, consistindo esta no interesse de mestres na formação de novos mestres, plasmada, enfim, em estabelecimentos de ensino[3]? Vale reter esse sentido para lhe enfatizar exatamente o caráter gregário e também agregador, bem como o interesse na formação, o que sempre coloca algum modelo de sociabilidade em funcionamento. Sua posição em nossa sociedade é, pois, estranha e rara. Como já nos referimos, citando um precioso texto da equipe Areser (Association de Réflexion sur les Enseignements Supérieurs et la Recherche), não se trata de uma instituição qualquer, não podendo ser definida apenas pela produção de conhecimento. Trata-se, sim, de um espaço único na sociedade, um lugar, uma aposta e, se quisermos, uma singular forma de vida.

Nossa tese óbvia é também a menos corrente. Esse lugar singular, em que a palavra (em tese) teria preeminência sobre outros instrumentos de poder, pode alimentar sentidos utópicos, os quais contraria e subverte a todo momento. Claro que, por isso mesmo, para quem está imerso em sua experiência, em suas mazelas cotidianas, em seu modo de reprodução, a afirmação desse interesse utópico parece apenas uma versão edulcorada do real. E, com efeito, essa universidade que esboçamos é inatual, mas, ao ousarmos propor ou lutar para que seja essa sua essência, somos antes desafiados por uma reflexão que, partindo desse lugar, naturalmente exige o primado da palavra e preserva, contra a urgência do tempo, a paciência do conceito.

3. Definir universidade assim, diriam alguns realistas, é estar doente dos olhos, é quase não enxergar os fatos. Isso é, porém, para além de qualquer cegueira objetiva, uma manifestação de pensamento utópico. É como proferir a frase absurda "gentileza gera gentileza" – tensa, porque contraditória, uma vez

---

[2] Cf. "Entre o cristal e a fumaça", texto do discurso de posse na reitoria da UFBA, presente neste volume.

[3] Cf. Émile Durkheim, *L'Évolution pédagogique en France* (Paris, PUF, 1990), p. 106-7.

que a sentimos falsa e verdadeira. Falsa como a que julgava impossível errar moralmente pelo conhecimento. Falsa, porque negada a cada dia e por toda experiência. Entretanto, também verdadeira, em um sentido mais profundo, pois aferrar-se ao dito é resistir a todo pragmatismo da vida e da política, onde vícios podem até gerar virtudes, e virtudes afundam em vícios.

Como fulcro utópico, a universidade é o lugar mais próximo de realização do que chamaríamos de auditório universal. Ou seja, a matriz mais pura da vida universitária seria a criação de condições para a unidade entre verdade e evidência, imaginando aqui, com Descartes, que ter a verdade é ter um caminho para ela, de sorte que não haveria conhecimento se uma proposição não expressasse uma virtude intelectual reconhecível e partilhável, e, assim, déssemos por mero acaso com a verdade, à semelhança de como, olhando para um relógio quebrado, acertaríamos as horas, com a maior precisão, duas vezes ao dia. Ter a verdade é, ao contrário, possuir as condições para a produção de um auditório universal, no qual apenas se exercitam as condições ideais da argumentação.

De um ponto de vista teórico (e deveras utópico), em que os conflitos podem ser resolvidos pela palavra e esta tem preeminência sobre outros instrumentos de poder, devem estar dados, como traços de sociabilidade prévia e comuns a estes contextos, determinando condições ideais de argumentação: 1) a igualdade de direitos de quantos argumentem; 2) a igualdade potencial de compreensão; 3) o reconhecimento da alteridade potencial ou efetiva; e 4) a crença comum na eficácia da linguagem. Temos aqui conjugados, em um modelo ideal, um aspecto normativo (contido na igualdade de direitos), um cognitivo (expresso na possibilidade comum de compreensão), um político (na aceitação da alteridade e na constituição de espaços para ela) e um decisivo componente pragmático (a ação mesma de confiança na linguagem e na argumentação).

Afinal de contas, quem desrespeita o primeiro aspecto, um ditador, por exemplo, não precisa argumentar, caso sua força seja suficiente para dispensar qualquer tipo de legitimação. Tampouco argumentamos, segundo aspecto, com quem se mostra incapaz de compreender nossas proposições, de acompanhar nossas inferências, sendo propedêutico e indispensável o acesso equânime a um mesmo patrimônio de linguagem. Menos ainda argumentamos, terceiro aspecto, com quem se mostra incapaz de aceitar nossas proposições, porque incapaz de tolerar a diferença, de conviver com a alteridade, não sendo produtiva uma discussão, caso a possibilidade da divergência esteja eliminada. Enfim, no aspecto pragmático, decisivo a todos, certo emprego ou uma confiança no emprego da linguagem mostra-se indispensável, de modo que, uma vez reconhecida a diferença, os interlocutores confiem na linguagem como instrumento de persuasão racional, ou melhor, de convencimento – o que equivale, em última instância, a acreditar, com força militante, que o caminho para a solução de todos os problemas que porventura se apresentem na universidade está na própria universidade.

Essa máquina ideal parece capaz de produzir convencimento, mas não crença. É imbatível como modelo, mas não produz crença, sendo algo como um ordenamento jurídico descolado da realidade. Por isso, talvez, o aspecto pragmático, envolvendo a vontade, seja o mais importante e desafiador. Com efeito, essas condições ideais são amiúde ameaçadas mesmo no território livre da argumentação, significando exatamente o jogo das falácias (o uso de raciocínios incorretos, a falta de metodologia científica adequada, o desconhecimento dos padrões racionais de inferência etc.) o desrespeito a alguma das quatro cláusulas citadas. Apelos à autoridade e apelos à piedade, por exemplo, conquanto aparentemente opostos, têm em comum o fato de romperem com a igualdade potencial de quem argumenta. Enquanto rupturas do contexto racional, enquanto práticas que anulam o contexto em que se pode efetivar a racionalidade, o recurso à força pode bem ser identificado à inconsistência formal. Desse modo, podemos dizer que há uma questão ética anterior ao uso dos argumentos e que lhes condiciona a possibilidade. E a falácia não deixa de ser, como aposta que se anula, uma contradição performática: lança argumentos que, pretendendo convencer, apenas podem persuadir. Com isso, o jogo das falácias supõe o contexto que nega e se vale do diálogo que, não obstante, sabota.

4. Ao tipo ideal de um contexto para a lógica, que ultrapassa interesses particulares e se volta a uma dimensão universal, contrapõe-se com força e presença constante em nosso dia a dia outro tipo também ideal, qual seja, o modelo da arte da guerra, como nos sugere um pequeno texto de Maquiavel. Enquanto, por exemplo, na construção de um auditório universal e na prática científica, é fundamental que tenhamos em conta previamente o método adotado e cheguemos em conjunto a um acordo sobre sua legitimidade, Maquiavel

sugere: "Nenhum método é melhor do que aquele que o oponente não percebe até o adotarmos"[4]. Enquanto o método da lógica procura que sejamos juntos com-vencidos, Maquiavel aconselha: "Dificilmente será vencido quem souber avaliar suas forças e as do oponente"[5]. Na verdade, em *A arte da guerra*, Maquiavel não fala em oponentes, mas em inimigos, quando já cessou a busca da universalidade e foi extinto o olhar divino, excelso, capaz de unir verdade e evidência. E suas máximas nesse texto têm valia determinada pela natureza do conflito, subordinando-se todas ao princípio que as preside, ao desejo de aniquilação do outro, que encabeça sua lista: "O que favorece o inimigo me prejudica; o que me favorece prejudica o inimigo"[6].

Não podemos, porém, ler a oposição entre lógica e guerra de forma maniqueísta. Há evidente sabedoria no reconhecimento do combate e de suas armas. Entretanto, sem um horizonte de excelência, no qual devemos ser sempre instados a pedir provas, a solicitar dados, a procurar demonstrações, as universidades não podem cumprir a missão autêntica e necessária de inclusão, tornam-se más provedoras de assistência social e, ao fim e ao cabo, se destroem.

Cada modelo desenhado em traços rápidos foi também batizado de forma bastante artificial. O batismo, somos os primeiros a enfatizar, não faz justiça a Descartes nem a Maquiavel, mas serve a nosso propósito rápido e quase caricatural, com o acréscimo prudente de que cada modelo (ou qualquer modelo) tem sua verdade e sua limitação. Na universidade cartesiana, interesses pretensamente se apagam. É uma universidade de anjos, sem sexo, sem drogas, sem gênero, sem cor. Os desiguais estariam de início ou formalmente igualados, como se tivessem tido, por algum acaso, uma compensação na corrida (por talento ou favor) ou não tivessem saído muito atrasados e, assim, não estariam reduzidos a trabalhos de segunda linha. Quando sabemos que a universidade, ao contrário, se lugar da utopia, deve ser o lugar de recomposição do tecido, sendo a igualdade não um ponto de partida, mas um desafio e um processo.

Compreendidos os modelos, cabe enfrentar com realismo maquiavélico o desafio cartesiano, aprofundando sempre as medidas de qualidade com as de compromisso social e, com isso, combatendo as manifestações de militância seletiva, pois aferradas a interesses sem o horizonte da utopia. É preciso também

---

[4] Maquiavel, *A arte da guerra* (Brasília, Editora UnB, 1982), p. 37.
[5] Idem.
[6] Ibidem, p. 36.

reconhecer a nova realidade da vida universitária. Sem o reconhecimento dos novos tempos, voltaremos a projetos que amesquinham sua dimensão mais ampla de interlocução com outros saberes e com a sociedade e se tornam modelos ampliados e sempre parciais de laboratórios de pesquisa.

O modelo cartesiano parece guardar o espírito inodoro de uma universidade em que não haveria muita diferença a aplastar. Nessa universidade, não seriam tão díspares as origens e os interesses. Nossa realidade desafia decerto o modelo cartesiano, que, todavia, nunca deveríamos afastar de nosso horizonte, pois equivale ao horizonte da construção cotidiana de nossa identidade universitária. A natureza mesma da universidade sabe a um bom cartesianismo, embora a ciência universitária nos faça lembrar os interesses que se aninham na produção do conhecimento mais inocente.

A tolice não é nosso forte, dir-nos-ia M. Teste. Assim, somos cartesianos, mas com a importante aceitação do óbvio, qual seja, a de que a construção de condições ideais de argumentação depende da explicitação de interesses, bem como da escolha dos interesses da emancipação para além do contexto importante das lutas por reconhecimento[7]. Devemos ser cartesianos, mas redimidos pela boa lição de Lebrun, em *Passeios ao léu*, livro que pensou batizar de *Meus venenos* ou de *Meus pré-juízos*, ficando bem entendido, diz ele,

> que não confundo *pré-juízos* com *parti-pris*, isto é, opiniões tais que sua contestação só pode suscitar reações cabeçudas e passionais. Pois afinal, Descartes que me perdoe, como pensar sem *pré-juízos*? Como pensar, sem mobilizar o que a experiência nos ensinou? E haverá outra proteção além da experiência, por frágil que seja, contra as tentações da razão raciocinante?[8]

5. As universidades são hoje, porém, o campo fértil da retórica. De uma militância que deixa de ser ato de fé para ser expediente de sobrevivência, por um lado, e de campo de conflito, não de emancipação, mas de reconhecimento, por outro. De certa forma, um mesmo padrão de reivindicação pode estar presente tanto no estudante que busca assistência e, com isso, reparação quanto no cientista que, buscando financiamento, limita seu olhar a seu

---

[7] Lembrando aos militantes que, na luta por reconhecimento, um oprimido talvez busque os mesmos benefícios ou direitos de outro oprimido; na luta por emancipação, bem mais radical, almeja conquistar a liberdade, junto com outro oprimido.

[8] Gérard Lebrun, *Passeios ao léu* (São Paulo, Brasiliense, 1983), p. 10.

exclusivo laboratório. Nesse terreno pragmático, podemos viver os vícios da democracia sem o benefício de suas virtudes.

São perigosas as saídas fáceis, sobretudo quando ditadas pelo regime de urgência. Certamente, compreendemos bem o desespero de bons pesquisadores, as dificuldades para a produção do conhecimento em instituições de espírito burocrático, insensíveis à singularidade e à dinâmica da vida acadêmica e ameaçadas pela insuficiência e pela irregularidade no fluxo do financiamento, muitas vezes pouco dependentes da relevância da pesquisa ou do mérito dos pesquisadores e bastante determinadas por componentes pouco desejáveis de pressões políticas. Não obstante isso, não julgamos valioso o atalho tomado por algumas soluções que parecem jogar a toalha do trabalho permanente e, repetidas vezes, vão do convencimento.

É o caso da proposta apresentada pela Sociedade Brasileira para o Progresso da Ciência, em documento conjunto com a Academia Brasileira de Ciências. O documento apresenta, entre outros itens, alguns de inegável mérito e pertinência, uma proposta que, todavia, vindo ao encontro de boas soluções retóricas (como a tópica de respeitar as diversas vocações), se confronta com a natureza mesma da universidade.

> Excelência na diversidade. À sociedade que a sustenta, a universidade pública deve a excelência no cumprimento de seu plano de metas e de sua função social. Excelência que pode se manifestar de forma diferenciada para cada instituição, de acordo com sua vocação e com as necessidades regionais, envolvendo um ou mais focos de atuação, como a pesquisa de fronteira, a formação de profissionais para o mercado de trabalho ou de professores para a educação básica, ou ainda a participação em processos de inovação tecnológica nas empresas ou de inovação social.*

Essa proposição, de aparente boa política, é estrategicamente fatal, uma vez que se rende a evidências circunstanciais e renuncia a toda chave utópica. A ideia de universidade é, segundo julgamos, estranha a esses pacotes regionais, mais favoráveis a carreiras que a vocações acadêmicas, que preferem restabelecer ou preestabelecer à força as condições do auditório universal da atividade científica. Devemos, porém, admitir um sabor exagerado e falso em nossas proposições. Nada disso se vê no mundo real, tudo é mero bolodório,

---

* "Em defesa das universidades públicas". Disponível em: <http://portal.sbpcnet.org.br/noticias/manifestoquebraem-defesa-das-universidades-publicas/>; acesso em: 10 fev. 2020. (N. E.)

se não formos tocados por um pensamento mágico e se aceitarmos os limites mesmos de nosso mundo, onde impera a guerra, não a lógica.

E aqui termino, lembrando Valéry, com uma fala de M. Teste:

> Veja, todos os tolos dizem que têm humanidade e todos os fracos dizem que têm justiça; eles têm, tanto um como outro, interesse na confusão. Evitemos o rebanho e a balança desses Justos tão enganados; acabemos com aqueles que querem que nos pareçamos com eles. Lembra simplesmente de que entre os homens só existem duas relações: a lógica ou a guerra. Pede sempre provas, a prova é a polidez elementar que devemos a nós mesmos. Se recusarem, lembra que estás sendo atacado e que vão tentar fazer-te obedecer por todos os meios. Serás tomado pela suavidade ou pelo encanto de qualquer coisa, apaixonar-te-ás pela paixão alheia; farão com que penses que não meditaste e não pesaste; serás enternecido, arrebatado, cegado; tirarás consequências de premissas que terão fabricado para ti; e inventarás, com alguma inteligência – tudo o que sabes de cor.[9]

O realismo só é o caminho mais fácil se limitamos nosso horizonte. Nesse caso, é o melhor caminho apenas se retiramos da universidade sua substância e solo mais fecundo. Ousemos, porém, o absurdo, a surpresa, o espanto, e exercitemos nossa polidez utópica. Simplesmente, entre todos os caminhos e aventuras possíveis, escolhamos a lógica.

---

[9] Paul Valéry, *Monsieur Teste* (São Paulo, Ática, 1997), p. 103.

LÓGICA E DEMOCRACIA
Argumentação e espaço público na universidade

1. Não há lance inocente na linguagem. Menos ainda, em seu uso. O gesto que constitui o espaço da argumentação pode ser o mesmo que o ameaça. No mero enunciar de uma proposição, dividimos o universo, abrimos o campo por que se separam o falso e o verdadeiro, mas também nos expomos perante um outro, ao inferno dos outros, que, afinal, à luz do testemunho de nossas palavras, pretendem dizer e limitar quem somos. Mais ainda, ao justificarmos uma proposição por outras proposições, expressamos uma ideia e, com efeito, tanto abrimos as vísceras quanto nos escondemos. E, por falsos ou sinceros, tentamos com nossa fala conquistar o espaço todo, ou seja, tentamos fazer universal o que pode ser apenas um interesse particular e transformar em conhecimento uma mal fundada opinião.

É natural, portanto, que uma das dificuldades mais profundas da lógica (quando referente ao uso público de argumentos) sempre tenha sido de ordem política, sendo artificial tratar os argumentos em uma espécie de laboratório da história das ideias, como se enunciados não estivessem comprometidos com as condições da enunciação até a raiz dos cabelos. Ou seja, a dificuldade não começa com a argumentação em si, mas surge primeiro no direito mesmo de argumentar, na demarcação inicial de quem tem direito à cidadania, do que significa, enfim, ser um igual entre todos os desiguais.

Para tal problema, não há escapatória nem solução pacífica. Em linhas gerais, simplesmente nunca haverá gesto puro no campo da linguagem, mas podemos, sim, discernir as atitudes que contribuem para o estabelecimento de uma comunicação legítima e desimpedida e, por isso, favoreçem um espírito democrático, separando-as daquelas atitudes que comprometem, envenenam ou até anulam esse espaço, sendo, por isso, autoritárias e, no limite, fascistoides. No que nos interessa em relação à universidade, podemos bem discernir aqueles expedientes que a agridem diretamente ou a enfraquecem como um espaço público definido por finalidades claras e específicas.

Não precisamos retomar aqui os argumentos clássicos contra a democracia, que, entre outras mazelas exemplares e bem conhecidas, teria condenado Sócrates à cicuta. A suspeita contra ela sempre parece bem fundada, não sendo, todavia, suspeita alguma suficiente para lhe retirar a condição de valor universal, a ser preservado contra todas as evidências. Desse modo, mesmo havendo muitos traços análogos e muitos exemplos que desconhecem fronteiras definidas, não refletimos neste texto sobre a democracia em geral, mas sim acerca daquela a ser exercida no interior de instituições autônomas, como o são as universidades públicas, capazes de combinar (a nosso ver, com bastante sucesso) procedimentos de democracia representativa e democracia direta, para responder ao desafio de tomada de decisões imediatas ou de elaboração de políticas as mais diversas. Também na universidade, seu destino e solidez como instituição dependem diretamente da higidez e vitalidade do espaço público que lhe confere identidade e sentido.

Nessa linha, conhecendo bem os lamentos aristocráticos, que a veem como espaço natural dos sofistas e, portanto, como negação da lógica e inimiga das virtudes, queremos reafirmar outro caminho. Não o do desprezo, mas sim o da atenção ao erro e às falácias, de modo que, pelo reconhecimento e superação de suas técnicas persuasivas, possamos nos aproximar mais da verdade e do convencimento. Ou seja, um caminho de aceitação plena e mesmo de aprofundamento da democracia, combatendo-lhe internamente os erros e evitando que venha ela a soçobrar pela inexistência de boas determinações e limites. A democracia, afinal, sobretudo na universidade, não é o mero espaço de negação das elites, e sim o espaço privilegiado da superação de privilégios e, queremos crer, da produção coletiva do refinamento.

Por óbvio, sendo sempre muito difícil separar justificativa racional e democrática de vitória retórica e demagógica, o caminho que propomos não é o mais fácil; é apenas o caminho necessário. Vale lembrar a representação medieval clássica da diferença entre lógica e a eloquência, a mostrar-nos, porém, a mesma mão. Que comporte imensa dificuldade ser a mesma e de todo diferente a mão em punho cerrado ou espalmada, ilustra bem uma anedota judaica típica dos cidadãos simplórios de Chelm – tomada essa localidade não como lugar efetivo, mas como lendária cidade de tolos convictos de sua sabedoria.

> O conselho de anciãos ponderou sobre um dilema da legislação penal. Suponha que eles agarrassem um ladrão: que diabos fariam com ele? Não havia cadeia na cidade, e o crime de roubo dificilmente seria grave o suficiente para merecer o exílio de Chelm.
>
> Os sete anciãos discutiram o problema em toda sua extensão, mas não conseguiram chegar a uma conclusão, até que o rabino chegou a uma solução: eles fariam dois furos na parede da casa de banhos. O prisioneiro teria de passar as mãos através dos furos e mantê-las ali pelo tempo que o juiz decidisse que era adequado e justo.
>
> – Isto não vai funcionar – protestou um membro do conselho. – Suponha que ele simplesmente tire as mãos e vá embora antes do final da sentença!?
>
> – Isto não é problema – respondeu o rabino. – Uma vez que ele tenha passado as mãos pelos buracos, será ordenado a ele que as feche; assim, ele não poderá tirar as mãos sem abri-las![1]

Para essa simples mudança, capaz de transformar punhos cerrados em mãos espalmadas, e vice-versa, conservando, assim, a unidade entre a justificação racional e a virtude retórica de uma apresentação refinada e eficaz de bons argumentos, é preciso cuidar tanto dos argumentos quanto das condições da argumentação, inclusive identificando o comprometimento da correção argumentativa por essas condições iniciais, que devem poder ser transpostas.

Contra um positivismo da argumentação, que, tomando os argumentos como fatos, apenas favorece quem teve a chance histórica de assenhorar-se de linguagens e procedimentos argumentativos, precisamos voltar os olhos, mais radicalmente, para suas condições de produção, apenas em aparência externas aos argumentos. Ou seja, precisamos analisar (e, eis o papel da universidade, também modificar!) o próprio contexto da argumentação, em relação ao qual a instituição tem responsabilidades de longa duração. Em nossa perspectiva,

---

[1] Henry Spalding, *Enciclopédia do humor judaico* (São Paulo, Sêfer, 2001), p. 101-2.

56 Universidade pública e democracia

ganhamos muito ao termos claro que nada está previamente dado ou decidido, ao tempo que vemos como todo desenho argumentativo possível traça um arco próprio, organiza os limites da experiência, inventa-nos um mundo. Que seja, pois, um mundo do qual não nos envergonhemos e no qual desejemos viver!

Vale acrescentar esta observação. Não há adiante qualquer pretensão de análise científica de dados. Continuamos talvez fazendo, *horribile dictu*, filosofia! Com isso, não fizemos um levantamento de regras vigentes em colegiados, departamentos, conselhos e assembleias. Não temos em conta um levantamento estatístico das reuniões nem das pautas de coletivos, sindicatos, associações e movimentos. Tampouco analisamos expedientes retóricos recentes de alguns demagogos, mesmo lembrando que nos afeta e ameaça toda demagogia, marcada que é por uma cumplicidade entre a estupidez e a esperteza recíprocas de orador e plateia. A descrição seguinte da universidade como espaço público não a confronta também com a evolução dos regimes políticos, com as chances efetivas da democracia em nosso país, não mencionando sequer esse rumor de botas que ameaça retornar. A descrição, com sabor um tanto idealista, parecerá, então, por demais vaga e imprecisa. Verdade! Mas quem vive a universidade vai saber muito bem do que e de quem estamos falando.

2. Nossa tarefa, então, neste precário roteiro, é indicar um caminho de pesquisa e de ação, pelo qual podemos ver as relações internas entre argumentos, falácias e contexto da argumentação, com nossa tese um tanto extravagante de que, não tendo uma característica positiva comum (tamanha a singularidade de cada errar humano), as falácias apresentam todas um traço que as torna indesejáveis. Toda falácia, representando uma maneira específica de infringir uma boa regra argumentativa, agride o contexto da argumentação, dificultando as condições para um processo coletivo e democrático de formação de opiniões e de tomada de decisões.

Bons argumentos são modos de justificar uma proposição por meio de outras proposições, de sorte que, no caso dos argumentos dedutivos, mostra-se formalmente inconsistente a conjunção entre a verdade das premissas do argumento e a falsidade de sua conclusão; enquanto, no caso dos indutivos e assemelhados, afastada tal inconsistência formal, as premissas fornecem evidências todavia sólidas para a aceitação de suas conclusões, mediante procedimentos inferenciais conformes a padrões reconhecidos como razoáveis. As falácias designam, então, infrações argumentativas, respectivamente, formais ou não formais. Apenas com alguma liberalidade vocabular aceitamos dizer de uma proposição isolada que seja uma falácia, sendo mais apropriado dizê-la simplesmente falsa. Falácias descrevem, portanto, a pretensão (no caso, racionalmente malsucedida) de fazer sustentar a aceitação de uma proposição em outras proposições, em um afã simulado de demonstração, que, não obstante falho, pode – e costuma mesmo – ser bem eficaz. Trata-se, pois, de um exercício que, à semelhança da boa argumentação, também parece abrir-nos um inteiro campo de diálogo, uma comunidade de interlocutores, sem a qual não haveria sentido em procurar convencer ou persuadir por meio da linguagem.

Vejamos, então, uma falácia que quase se pareceria com uma verdade formal, mas na qual, por não poder restringir-se ao aspecto formal, identificamos o interesse da persuasão e um elemento de todo falacioso. Referimo-nos ao caso da *petitio principii* [petição de princípio] – argumento circular que elege como base de prova, com maior ou menor grau de ocultamento, o que ainda está a ser provado. Com efeito, se uma proposição P é verdadeira, não pode ocorrer que P seja falsa. Assim, parece bem fundado e necessariamente verdadeiro o enunciado condicional P → P, que, todavia, não satisfaz o propósito de sustentar P, uma vez que toma o próprio P como já demonstrado. Com a petição de princípio, temos um raciocínio circular, que pode ser tosco ou muito sofisticado. Tosco no exemplo conhecido de que devemos acreditar na existência de Deus, pois a Bíblia assim nos diz, e a Bíblia jamais erraria, vez que seria a palavra manifesta de Deus. Contudo, pode ser bastante sutil e difícil de agarrar, como bem o identificou David Hume, ao descartar os argumentos que procuram demonstrar a necessidade de sempre haver uma causa para todo e qualquer evento, identificando nas "demonstrações" correspondentes de empiristas e racionalistas o vício argumentativo da comum e falha pressuposição, amiúde muito bem disfarçada, de ser sempre necessária uma causa, sem a qual experiência alguma se explicaria.

Exatamente por esses argumentos circulares, toscos ou não, conterem a necessidade de justificação, eles saem de si mesmos e se voltam a um outro, que deve tácita ou explicitamente aceitar o que então se pressupõe. A falácia só fecha um arco por servir-se dos preconceitos presentes em um contexto argumentativo, sendo risível a mencionada prova da existência de Deus, se exposta em um ambiente de ateus, ou as provas da causalidade, se apresentadas em um colóquio de filósofos analíticos. A eficácia retórica, portanto, não está na forma do argumento, mas na precariedade ou na parcialidade da formação daqueles que argumentam e de seu auditório.

Muitos argumentos também se servem de premissas nas quais figuram certos conceitos, aparentemente claros, mas que logo deslizam em meio a uma gama de significados, de modo que, sem qualquer controle, julgamos justificada uma conclusão apenas falsamente sustentada nas definições de partida, porquanto abandonadas estas no curso da argumentação. Essas falácias de ambiguidade, porém, não se fecham sobre si mesmas. Mais que em quaisquer outras, nelas respira o solo comum de linguagem e de acesso à linguagem, além, é claro, da necessária acurácia analítica.

Um novo horizonte se abre quando vemos as falácias à luz desse contexto. Por exemplo, as *falácias de ambiguidade* podem ser compreendidas como resultantes da ausência de apropriação de elementos de cultura e do devido domínio da linguagem. Porém, assim como nenhum falante (mesmo o mais simplório) da língua portuguesa deixar-se-ia iludir pelo uso equívoco do termo 'manga', está distante o dia em que falantes (mesmo os mais refinados) terão clareza dos múltiplos usos de palavras como 'direito', 'cultura', 'vida', 'liberdade'[2]. Não podemos argumentar, entretanto, se não temos um domínio equivalente da linguagem e, nesse mesmo sentido, se não falamos a mesma linguagem ou não explicitamos o peso político de nossas definições de partida que, muita vez, nada têm de pacíficas.

Aqui, vale a recordação de duas lições ouvidas de José Arthur Giannotti, ao comentar o célebre seminário de *O capital* e o começo heroico do Cebrap (Centro Brasileiro de Análise e Planejamento). Giannotti mencionou o trabalho inicial no seminário de *O capital* para construir um vocabulário comum entre intelectuais de formações distintas (economia, sociologia, filosofia, letras). Em sentido semelhante, ele nos contou a necessidade das pessoas reunidas no Cebrap, mesmo sendo intelectuais reconhecidos e inteiramente formados, de aprender

---

[2] Levamos em conta aqui a classificação de grupos de falácias e mesmo algumas alusões de Marcus Sacrini, *Introdução à análise argumentativa: teoria e prática* (São Paulo, Paulus, 2016), livro interessante e em geral correto, embora o autor pareça trair alguma preferência política, por exemplo, ao não aplicar o princípio de caridade no debate de argumentações recentes sobre corrupção. Sua análise da *falácia de distração*, salvo melhor juízo, parece ter endereço certo, seletivo e malparado.

novas linguagens, para estarem em condição de analisar novos temas e argumentar com propriedade. Assim, contou-nos ele, tiveram, por exemplo, que tomar aulas de estatística com Elza Berquó, de certa forma, aprendendo nova linguagem e vocabulário. E, de forma semelhante, precisamos todos ampliar os meios de precisão do pensamento, que se dá apenas na materialidade de uma linguagem.

Argumentar bem não é prerrogativa dos filósofos, que, aliás, costumam cometer falácias muito sutis e persistentes. Argumentar bem, segundo padrões elevados de justificação racional, é algo que se aprende concretamente no interior de cada disciplina científica, no domínio preciso de linguagem e método, tendo cada disciplina padrões aceitáveis, mais ou menos consolidados, de demonstração e prova. Argumentar bem é, pois, dominar linguagens e, com elas, pôr limites aos usos possíveis de expedientes de convencimento. Os exemplos de Giannotti são ricos, bastante ilustrativos e mesmo perenes, aplicando-se talvez a todo trabalho intelectual coletivo e ainda às condições que, em específico, deve enfrentar um leitor de história da filosofia, que precisa sempre reaprender o sentido dos termos, reconduzindo-os ao tecido interno e também ao tempo do filósofo com quem se decide a dialogar e cujos pensamentos deseja reviver.

Essa proposta de trabalho a ser feito coletivamente descreve muito bem o trabalho que cabe a todos nós. Em nossos respectivos campos, não para renegar a fonte originária de nossos conceitos, temos muito trabalho para reconhecer a distância que mantêm de novos conceitos, disfarçados que vêm com as mesmas palavras. Precisamos, em cada novo autor visitado, estranhar o uso dos termos e restabelecer laços com palavras as mais simples, como 'causa', 'ser', 'tempo' ou 'vontade'. Por outro lado, como veremos adiante, a tarefa a que a universidade se dispõe é hoje bem mais ampla que a descrita por Giannotti, que lidava então com grupos seletos (e bastante progressistas à época), cujos membros detinham ademais recursos e preparo mais similares que díspares. A universidade atual começa sua ação constitutiva partindo de distâncias bem maiores, algumas das quais talvez intransponíveis. Trabalha então e se enriquece com diferenças, algumas extremas, sem dever sequer sufocá-las; e deve construir vocabulários inteligíveis, comuns e, todavia, em muitos casos, irredutíveis.

3. Tolstói nos ensinou que todas as famílias felizes se parecem, mas cada família infeliz é infeliz à sua maneira. O acerto, diríamos, tem forma precisa; o erro

transborda em conteúdos. O erro é singular e intransferível, como a infelicidade das famílias infelizes; por isso, não sem razão, já se duvidou ser possível uma classificação precisa e exaustiva dos tipos de erro argumentativo, não sendo suficiente sequer agrupá-los sem que depois se lance um olhar à singularidade de cada ocorrência.

É claro que classificações são possíveis e mesmo esclarecedoras. E livros sobre falácias existem aos montes, com boa ou má qualidade, prestando lá seu serviço; porém, a maior parte deles parece identificar falácias como se fotografasse pássaros em cativeiro. Vemos, sim, repetirem-se certos padrões, mas a raiz mais profunda do erro e, mais ainda, a raiz do que move e conquista as pessoas apesar da clareza do erro, eis algo que somente o exame singular pode revelar. Dessa forma, temos uma orientação e não uma demonstração definitiva, e o talento para reconhecer o padrão e a singularidade continua sendo requisito essencial para quem se coloca em situação argumentativa.

A pesquisa sobre o impacto de cada vício argumentativo (tomado cada qual como sintoma de uma condição de argumentação não satisfeita ou como exemplo de ataque ao contexto da argumentação) pode ser feita caso a caso com significativo benefício para a constituição de uma comunidade disposta a defender a universidade como espaço público e democrático. A ausência de letramento (neste caso, de condições, direito e experiência suficiente de uso da linguagem) faz incorrer em falácias de ambiguidade; uma educação científica insipiente (ou seja, a falta de domínio de procedimentos científicos de inferência e demonstração e logo de capacidade de compreensão) torna aceitáveis falácias quase óbvias de falsa causa ou de acidente, quando vemos laços causais entre eventos apenas concomitantes ou aplicamos regras gerais como se fossem universais, desconhecendo claras situações excepcionais, que, enquanto tais, nos levariam a não aplicar essa regra.

Um reconhecimento mínimo dos direitos humanos torna repulsivo o emprego de um *recurso à força*, pois denota a ausência de igualdade de direitos entre os que argumentam, procurando conferir legitimidade ao fato mesmo do poder. Por outro lado, um tanto paradoxalmente, também pode resultar em exclusão o recurso a *apelos à autoridade*, por vezes resultantes da recusa (de todo ilegítima) do direito mesmo de alteridade, mas também de uma cisão no campo da argumentação que dota de prestígio excessivo ou, pior ainda, de direito exclusivo à expressão de opiniões uma casta, uma corporação, um partido ou o que seja. Nesse caso, por abusivo o pretenso direito, desvirtua-se uma autoridade (de saber, de lugar, de experiência), que, na devida proporção, seria considerada legítima. Travado, então, por apelos ou recursos que restringem o diálogo, o espaço público se contamina com facilidade, de sorte que as tensões nele presentes, até por um mecanismo de economia psíquica, terminam por nos fazer desvalorizar sua importância e por esvaziá-lo – como, aliás, se veem esvaziadas nossas assembleias, fazendo-nos todos quebrar a cláusula fundamental do contexto da argumentação, qual seja, a confiança na própria linguagem, a confiança de que, enfim, haja linguagem e que esta tenha, esgarçada e revolta, precedência sobre outras formas de poder.

Procuremos agora, nos limites deste texto, identificar pontes entre algumas poucas falácias e aspectos do contexto argumentativo – embora tais pontes (é nossa tese) possam ser estabelecidas com todas elas, merecendo atenção e pesquisa. Esse olhar é importante porque as classificações e definições de falácias, por úteis que sejam, costumam ser descritivas, deixando escapar sua instalação no mundo, as pontes, portanto, com o contexto argumentativo. Ou seja, não mostram a causa comum de algo nos repugnar como sendo uma falácia. Tentamos assim, como uma orientação talvez promissora para um programa de investigação de contextos políticos, sugerir uma razão comum, que explica e justifica nossa repulsa, a saber: uma falácia, formal ou não formal, compromete as condições de uma comunicação desimpedida, suprimindo nossa aposta em uma decisão comum na política ou na ciência.

Não cabe aqui procurar uma taxonomia exaustiva, mas sim a vivacidade de alguns exemplos. Com argumentos, devemos trabalhar como domadores, não como taxidermistas. Por isso, já indicamos aqui falácias cujos problemas parecem internos à elaboração dos argumentos e, por isso, dormiriam tranquilas em livros quaisquer. De imediato, percebemos não ser assim, pois a questão de um letramento suficiente (inclusive tendo em conta sua possível parcialidade e comprometimento ideológico) impor-se-á sempre, a desafiar cada indivíduo em sua participação em dado contexto argumentativo, no qual apenas podem ser aquilatadas a força e a eficácia da linguagem.

É preciso corrigir, assim, uma das limitações dos livros de lógica, que costumam analisar os argumentos falaciosos segundo o mesmo padrão de análise dos argumentos sólidos ou válidos. Com isso, procura-se constatar, sobretudo, a violação de alguns princípios argumentativos, a utilização de procedimentos que não garantem a inconsistência entre a verdade das premissas e a falsidade de uma conclusão ou, de forma mais atenuada, a força com que as premissas podem sustentar adequadamente uma conclusão. Esses são decerto aspectos essenciais, que nos cabe sempre repetir. Entretanto, para compreender a eficácia e, mais ainda, o papel de um argumento falacioso e, ademais, as razões que o fazem parecer convincente ou aceitável, apesar de suas patentes fragilidades lógicas, precisamos também verificar, mais a fundo, as causas dessa eficácia, a gênese de seu poder retórico e, sobretudo, o modo como atingem o contexto da argumentação.

Para isso, recuperemos alguns exemplos de falácias, lendo-os à luz de um efeito similar e fortemente destrutivo, a saber, isso que chamamos de falácias (de relevância, circularidade, suficiência, ambiguidade ou outra classificação) têm em comum um bloqueio em alguma das condições necessárias para uma comunicação desimpedida, para uma busca comum, em um mesmo espaço público, de decisões coletivas justas e verdadeiras. As falácias não são assim, por nossa leitura, um efeito inexorável das democracias. São também um instrumento de sabotagem dos méritos mais profundos que uma democracia pode ter.

Podemos, ao contrário ou complementarmente, ver os grupos de falácias sob o prisma das condições necessárias (embora jamais suficientes) para uma argumentação desimpedida. Toda condição necessária deve ser complementada pela ação efetiva do argumentar, sendo difícil imaginar que sejam desimportantes elementos como o talento individual ou a justeza de uma causa. Eis um aspecto que as elites não deixam de enfatizar, a pretexto de uma defesa abstrata do mérito, aqui descrito dentro dos limites do valor individual e do interesse universal, não como uma construção coletiva, em nada infensa à deliberação sobre interesses que têm história e particularidade.

É claro aqui, então, certo desencanto das elites com a universidade. Na verdade, as elites constroem seus instrumentos e suas condições para a disputa do que seja o mérito antes e fora da universidade. Têm acesso livre a bens de cultura (museus, línguas, obras de arte etc.), que selecionam por oposição a manifestações que julgariam estar fora desse seu âmbito técnico e valorativo. Com isso, criam um repertório que se mostra impositivo e que, conquanto suponha também escolhas, se quer completo e suficiente.

Com a ampliação do acesso à universidade, desdenham de uma tarefa que passa a ser nossa. A de prover na própria universidade meios de acesso a bens que não são exclusiva e propriamente técnicos ou profissionais, mas sem os quais parcelas expressivas não poderão lograr acesso aos meios refinados de expressão, ou meios para reconhecer o refinamento de suas origens, e fracassarão em seu afã de participar da comunidade científica internacional. Por sua vez, bem mais sutilmente, prover esse acesso é também ampliar o repertório de cultura, pois devem ser trazidas ao ambiente da universidade, com seu refinamento próprio, as manifestações culturais que não tiveram origem no seio ideológico dominante. Acolher, afinal, é também enriquecer o vocabulário, não colonizar. É também fazer dialogarem expressões culturais, não catequizar. É preservar com seus méritos, sem lhes negar eventuais oposições, perspectivas epistemológicas e modelos culturais distintos, e não substituir liminarmente uma tradição epistemológica por outra, sendo fundamental que possam dialogar e, com liberdade inédita, com todos os recursos, encontrar os meios para conviver e divergir[3].

As falácias de ambiguidade lembram, como vimos, a necessidade de cumprirmos dentro da universidade as tarefas básicas da cultura (e de múltiplas culturas!), que as elites pensam poder satisfazer (como um projeto de poder e de exclusão) antes e fora da universidade. Mais ainda. Falácias de *ambiguidade*, de *circularidade* e de *suficiência* atacam ou comprometem os participantes do debate por seu despreparo lógico. Todas elas, sendo bem conhecidas, lembram as tarefas necessárias de uma educação científica e cultural no tratamento de dados e de uma educação lógica no exercício da justificação racional. Elas são irmãs de falácias mais cruéis e rudes, as falácias de *relevância*, com as quais intimidamos ou agredimos os que argumentam, retirando-lhes a condição de legítimos interlocutores.

Como as falácias não valem o que pesam ou pela forma que as tipifica, é preciso ver caso a caso. As condições de cultura e de formação científica (bem

---

[3] Assim, na UFBA, devemos favorecer esse trabalho de formação, de preparação de instrumentos, no cerne mesmo de nossa produção. Em todas as áreas, o diálogo entre saberes (que é também um diálogo entre culturas) contribui para um repertório comum de conceitos e técnicas, de reprodução e inovação – tudo isso muito bem expresso na extensa lista de nossos expoentes no ensino, pesquisa e extensão, em todas as áreas. E, apenas para mencionar rapidamente as artes, surpreendemos com nosso bem rico *paideuma*. Afinal, em lista que cada qual pode completar, não nos bastam Rembrandt e Mondrian. Queremos também Juarez Paraíso. Não lembramos apenas Autran a dizer algum Shakespeare, pois escutamos, no poema de Fernando Peres ou de Cleise Mendes, a voz de Harildo Deda. Não precisamos apenas repetir Bach, mesmo o fazendo de bom grado a cada dia, pois temos direito também a Paulo Costa Lima.

como algumas decisões relativas ao caráter de quem argumenta) são inelidíveis e mesmo anteriores à possibilidade de lhes definir a pertinência. Assim, um *argumento pela ignorância* pode tornar-se, de mera falácia, uma suficiente prova científica, pois o convencimento científico não encontra muitas vezes um satisfatório *experimentum crucis*, não nos levando a falta de um indício a uma permanente dúvida cética, assim como a inexistência de evidências de um crime não faz subsistir o peso da dúvida nem sugere uma punição.

Um *ad hominem* (argumento contra o homem) de mera agressão, que procura diminuir o valor de verdade das proposições e o valor lógico do argumento por causa da situação moral ou da instalação social de quem argumenta, pode ser uma boa pista para aquilatar os limites e o sentido das posições defendidas. Pista, é claro, nunca prova. Ou seja, até para definir os limites da operação falaciosa, precisamos ter constituídas, com suficiente estabilidade, as condições da argumentação, que, segundo acreditamos, não são as mesmas em todos os ambientes. São mínimas no espaço da propaganda; deploráveis no espaço da política; e deveriam ser ótimas no espaço das universidades, nas quais educação científica, condição de fala, domínio do repertório e da linguagem devem ser de nosso ofício.

4. Com as devidas desculpas, servimo-nos aqui da citação de um trecho do capítulo anterior, "Pensamento e utopia", pois este explicita com clareza as condições de uma argumentação desimpedida, ao lado de infrações a esse contexto, pensando especificamente na universidade.

> De um ponto de vista teórico (e deveras utópico), em que os conflitos podem ser resolvidos pela palavra e esta tem preeminência sobre outros instrumentos de poder, devem estar dados, como traços de sociabilidade prévia e comuns a estes contextos, determinando condições ideais de argumentação: 1) a igualdade de direitos de quantos argumentem; 2) a igualdade potencial de compreensão; 3) o reconhecimento da alteridade potencial ou efetiva; e 4) a crença comum na eficácia da linguagem. Temos aqui conjugados, em um modelo ideal, um aspecto normativo (contido na igualdade de direitos), um cognitivo (expresso na possibilidade comum de compreensão), um político (na aceitação da alteridade e na constituição de espaços para ela) e um decisivo componente pragmático (a ação mesma de confiança na linguagem e na argumentação).[4]

---

[4] A repetição enfatiza uma preocupação que já é antiga, toda ela vinculada à defesa da universidade pública como espaço singular, cuja aura deve ser sempre recomposta diante de

Nossa ideia central, já indicada anteriormente, consiste em mostrar o jogo das falácias como relativo ao desrespeito a uma das cláusulas necessárias a uma comunicação desimpedida. Em função disso, podemos ver como falácias aparentemente distintas como o *apelo à piedade*, o *apelo à autoridade* e o *recurso à força* podem ter o mesmo papel de restringir os direitos de cidadania no espaço público, assim como as falácias de ambiguidade e muitas outras, dependentes que são de expedientes de formação, podem comprometer uma cidadania plena. Por isso mesmo, contra toda evidência, lógica refinada e democracia autêntica encontram no contexto da argumentação uma cumplicidade essencial.

Nossa posição implica, ainda, rejeitar a passividade positivista, que se satisfaz com encontrar os argumentos dados, dispostos em uma redoma para análise e escrutínio. Passividade que logo tem consequências reacionárias, pois serve à manutenção de um *status quo* anterior à participação na vida universitária. A instituição em que se realiza o debate e os agentes interessados na democracia devem, ao contrário, voltar-se reflexivamente às condições de quem argumenta, perguntar-se o que leva esse ou aquele argumento frágil a ganhar ares de demonstração e, enfim, trabalhar para que a democracia produza o melhor dos resultados sem produzir o pior das pessoas. Todos são distributivamente julgados por suas palavras, mas a instituição é coletivamente responsável pela qualidade dos argumentos lançados em seus conselhos e assembleias.

Construir a condição de uma comunicação desimpedida é, portanto, tarefa relativa à configuração dos direitos e do exercício efetivo de uma cidadania, não falsamente incluída. A exclusão é essa violência permanente, que nos quebra as forças e os brios, não sendo combatida senão por ações também permanentes. Se o assassinato, como disse Bernard Shaw, é apenas a forma extrema de censura, a exclusão de uma situação argumentativa é uma espécie severa de ostracismo, a morte de um indivíduo para uma comunidade. E, apenas quando o contexto da argumentação é são e seguro, não corremos esse risco na defesa de opiniões ou de direitos, não sendo, portanto, perigoso ter razão contra a opinião das autoridades, apenas se a razão é ela própria a autoridade. Não duvidemos, pois. Apostar na argumentação é um ato de fé, equivalente a amar ao próximo e ao inimigo, inclusive quando são a mesma pessoa. É também um exercício religioso

---

ameaças internas e externas à condição de um espaço público autônomo e científica e culturalmente orientado.

de paciência. Afinal, por bem formados que sejamos, sempre pode ser infinita, inesperada e surpreendente a nossa estultice e a alheia.

5. Interessam-nos, pois, as falácias não formais. Recorramos, então, a alguns exemplos, indagando as lições políticas que podemos extrair ao pensá-las contra o pano de fundo das condições mais amplas de uma argumentação desimpedida – uma que tenda a um auditório universal, sem apagar interesses específicos e concretos.

As condições traçam um plano de ação de múltiplos significados. Algumas falácias frequentes e ilusões ambíguas comprometem a construção de uma democracia radical, como radicais devem ser a lógica e a política. Se as falácias relativas ao domínio da linguagem e seus recursos afetam a própria aposta na linguagem como meio de resolução de conflitos ou tornam desiguais os que seriam nominalmente iguais, há formas mais severas de argumentação falaciosa, a exemplo das que decorrem de algum *ad hominem*, que sempre se traveste de olhar mais profundo aos interesses que se ocultariam na argumentação. A falácia é forte porque, sim, obviamente, ninguém fala de lugar nenhum nem deixa de expressar preconceitos, inclusive os que nem sequer compreende. Entretanto, ninguém pode ser privado, sem violência destrutiva, da própria comunidade de argumentação. Assim, é preciso evitar a saída fácil de matar o debate em seu início, separando quem não está autorizado de quem está autorizado a tratar qualquer questão – o que assume a forma de um *ad hominem*, por um lado, e de um *ad verecundiam* (apelo à autoridade), por outro.

O *ad hominem* assume duas formas. Uma ofensiva; outra circunstancial. Na ofensiva, traços de caráter desautorizariam quem fala. Na circunstancial, uma suspeita é lançada por causa do interesse de corporação, classe, raça, gênero, reduzindo sua posição à mera defesa de um interesse (defesa que pode ocorrer sem falácia), mas também à incapacidade de compreender e representar um interesse distinto, por tão somente não estar quem fala no lugar certo para proferir sua opinião, ou seja, por não poder sentir certa dor, por não ter uma experiência ou uma história específica e, por conseguinte, não ter a autoridade devida.

Não são argumentos desprezíveis, conquanto desprovidos, em abstrato, de bases racionais. No concreto, porém, operamos assim. Classificamos, temos ou não simpatia ou aversão, depondo contra ou a favor de um enunciado a imagem e o lugar de quem o enuncia. Operamos assim, e seria pedir demais que não nos protegêssemos com nossos preconceitos, pois esses sedimentam alguma experiência de vida.

Ao mesmo tempo, concordamos todos, preconceitos devem ser combatidos, aversões devem ser superadas, verdades devem impor-se para além de ofensas e circunstâncias, com o cuidado de não transformarmos pessoas em anjos artificiais, que apenas vocalizariam desde uma condição etérea formas severas de dominação e violência. Com toda cautela, é preciso cobrar de quem argumenta a exposição de seus argumentos e não apenas sua certidão de nascimento. Afinal, regras de lógica não podem ser circunstancialmente supressas e, nesse sentido, se uma proposição não se torna verdadeira ou preciosa por alguém ter morrido por ela, tampouco se torna falsa por não ser merecedor de nosso respeito quem acaso a sustenta.

Reduz-se, muitas vezes, o significado de uma opinião pela simples indicação "sei de onde ela vem". Quem assim argumenta aparenta primeiro uma sagacidade que, em seguida, pode tornar-se mero cinismo – e um cinismo preguiçoso, que se afirma sem o enfrentamento efetivo dos argumentos, sem que se conceda ao outro um lugar na comunidade que não o de um prévio ostracismo. No limite, a inteligência vira agressão, de feição até fascistoide, pois a sagacidade termina por silenciar o outro, retirando-lhe o simples direito ao debate.

Da mesma forma, o *argumento de autoridade* (um tanto misturado com o *recurso à força*) é o que vemos na autorização plena da fala daqueles que, mais que opinião, pretendem ser os donos antigos ou os novos proprietários do espaço público. Há uma fonte sensata na origem desse argumento que, não obstante, se desnatura, qual seja, a ideia de que uma autoridade, no limite de sua competência, deve ser considerada, sendo correto, por conseguinte, ouvir os médicos em questões de medicina, mas não em questão de políticas públicas, quando esbanjarem argumentos furiosos e deveras precários, como temos visto. Porém, na dimensão desnaturada do argumento, temos uma versão curiosa do "sabe com quem está falando?", quando a fala reduz-se também a testemunho, tendo direito exclusivo de fala sobre uma dor quem a sofreu, de modo que se reduzem as virtudes intelectuais e morais à expressão direta dessa dor ou condição, com a recusa de expressões indiretas legítimas, como a solidariedade, a reflexão, as tomadas de posição em defesa de direitos humanos etc.

Se nenhuma dor deve ser simulada falsamente nem condições originárias podem ser substituídas em sua luta e expressão, não decorre disso a propriedade exclusiva de causas, das quais nos aproximamos por diversos motivos, inclusive o de sua completa justeza. E dores e discriminações não são únicas, sendo melhor que todas nos unam no combate a autoritarismos e restrições que nos retiram direitos. Do contrário, romperíamos os laços mesmos, mínimos que sejam, entre pessoas de condições diferentes, que, não obstante, podem ser solidárias – a partir inclusive de uma comum e miserável condição humana.

Como vemos, a falácia não formal não pode ser reduzida a uma fórmula. É preciso saber os limites a partir dos quais o bom senso da suspeição inteligente passa a destruir o solo mesmo da argumentação, deixando lama onde havia sagacidade. A falácia transforma-se, então, em abuso argumentativo, reproduzindo a violência que a todos interessa combater, caso defendamos a universidade como uma finalidade (na qual interesses particulares também se realizam) e nunca como mero instrumento para um interesse partidário ou outros quaisquer, de todo exteriores a sua condição de espaço de produção de conhecimento e formação de pessoas.

No *argumento contra o homem*, é preciso ainda separar bem a dimensão individual da coletiva. Repreender o indivíduo por ele não ter caráter não pode ser tratado como equivalente a suspeitar que, ao ter opiniões, ele necessariamente expressa os preconceitos característicos de sua instalação social, ou de gênero, ou de raça. Como as falácias não podem ser isoladas nem agem sozinhas, aqui vemos mesclados erros de raciocínio característicos do *ad hominem* a *falácias de composição* e *divisão*, que tecnicamente seriam falácias de ambiguidade, não de relevância.

A *falácia de divisão*, em sua expressão mais óbvia, resulta de aplicarem-se automaticamente às partes propriedades de um conjunto ou aos indivíduos atributos que valem apenas para o coletivo. Algo que valha coletivamente, sabemos bem, não vale sempre de modo distributivo. Por exemplo, a força se diz de uma equipe (integrada, eficaz, articulada) em sentido distinto do que se diria de um indivíduo, ao afirmar que ele seja forte. Da mesma forma, há comportamentos que valem apenas para o conjunto, não sendo replicáveis de forma isolada.

Vejamos, porém, uma aplicação automática de uma boa noção de representatividade, que, sem o devido cuidado, pode reproduzir uma falácia de divisão ou composição. A instituição, em espírito adequado de espelhar a composição da sociedade, tem todo interesse de garantir uma representatividade proporcional de gênero e raça em cargos e posições, pois este seria o resultado esperável em uma sociedade na qual não operam discriminações e exclusões. Esse, portanto, é um legítimo objetivo coletivo, mas não pode ter aplicação automática a todos os casos e situações, como em uma propaganda que procura mostrar diversos gêneros e raças, como se por essa via estivesse dada uma efetiva democracia.

O que se realiza coletivamente não se obriga, porém, a realizar-se distributivamente. É objetivo político, inclusive, e deve ser explicitada sua falta, mas nunca para constranger e tornar ilegítima a fala de alguma pessoa. A representatividade, então, de legítimo gesto coletivo, transforma-se na representação física imediata da diversidade, o que, em cobrança abusiva, pode exemplificar uma falácia de divisão, no sentido preciso e comum de que um bom argumento é passível de virar um expediente falacioso, caso se torne um meio de intimidação, um expediente de desautorização distributiva de indivíduos e não de transformação coletiva da composição de nossa sociedade, para a qual os indivíduos indigitados (não sendo culpados de serem o que são) podem ser aliados. Ou seja, no debate político, as pessoas podem ser culpadas de serem como são, mas não, *a priori*, de serem o que são. A satisfação imediata do politicamente correto pode, então, ser mera retórica, com a qual o vício paga uma pequena taxa à virtude, desobrigando-se de transformações mais necessárias, amplas e radicais.

Não há verdade *a priori* no território da argumentação pública. Por isso, é condenável todo expediente que pretende suprimir um debate que mal se inicia. Para mencionar outro expediente retórico corriqueiro com o qual as pessoas se desobrigam muito rapidamente de uma reflexão mais radical sobre questões de gênero, a boa intenção presente na expressão "todos e todas" pode encobrir um expediente retórico, como a resolver previamente, com o assentimento e a simpatia do auditório, questões bem mais sérias de representatividade de gênero. Mais que nunca, dado o cenário sombrio que atravessamos, elas precisam ser protegidas e respeitadas, mas não como uma espécie de *ad populum*, com que os oradores procuram angariar a prévia simpatia do auditório, sem o trabalho efetivo da transformação política. O *ad populum*, ao roubar-nos o trabalho da justificação, ao limitar-nos o trabalho de pensar e aplacar o engajamento, pode esvaziar o espaço público, traduzindo uma preguiça retórica, que não costuma, ademais, amparar-se em compromisso efetivo com a mudança nas relações humanas.

A confusão entre representatividade e representação (bastante associada à relação entre partes e todos de um conjunto) pode ter um efeito grave no contexto da argumentação. Muitas vezes, como um forte apelo retórico, pretende-se reservar o direito à expressão de opiniões (e, logo, de representação na cena pública) a quem deve, sim, ter bem mais representatividade, por sua condição pessoal e cultural. A luta por representatividade, uma das mais urgentes e legítimas, não se faz, todavia, por destruição do espaço público do comum, com a delimitação do espaço da formação de opiniões, pois o ambiente da universidade não deve suportar uma cisão do contexto argumentativo.

A questão decerto não é simples, sobretudo porque são bastante justas tanto as demandas de representatividade quanto as razões de suspeição. De todo modo, prezar o contexto da argumentação e, logo, a natureza democrática do espaço público na universidade implica reconhecer que o lugar (a história e as condições causais) de quem fala não é, por si só, necessário nem suficiente para garantir a coerência e a pertinência do que se fala. É relevante, sim, para a identificação dos interesses a representar ou a superar, sem poder, contudo, oferecer um passe livre ou um veto, não havendo fora do próprio ambiente do debate teste prévio de correção argumentativa nem de honestidade intelectual.

Podemos, logo, ver que as tarefas são muitas e delicadas, sem qualquer garantia prévia, fora do próprio ambiente da argumentação a ser cultivado e renovado, de que um expediente argumentativo desandou ou não em mera falácia. Algumas vezes, parecem mesmo conflitantes. Por exemplo, a tarefa de combater o autoritarismo de quem pretende já saber, de quem se coloca no lugar do "doutor", pode e deve ser empreendida e não deve comprometer aquela aparentemente oposta de garantir a autoridade característica do ato educativo. Do equilíbrio entre esses gestos conflitantes, brota, sim, uma autoridade educativa legítima, e o espaço público, uma vez reforçado, termina por nos lembrar que a autoridade legítima (a autoridade acadêmica e científica) não invade espaços e deixa, por assim dizer, a cátedra vazia, como um convite permanente a novos saberes e a novos ocupantes.

A falácia não está em um vício formal, analisável sem luta e fora de um embate cotidiano. Então, só pode estar em uma agressão ao contexto desimpedido da argumentação e, também, aos padrões de prova que são aceitos por uma comunidade. Nesse sentido, a educação científica (se bem compreendida, como um processo permanente de interrogação e não de mera afirmação de certezas) seria um purificador do contexto argumentativo, diminuindo a força retórica de argumentos que seguem padrões falaciosos de argumentação. Ao contrário, a paixão religiosa e a paixão política, embebidas em falácias, são incensos que costumam elevar a tensão retórica envolvida em decisões e em argumentos. A falácia pode até acertar com a verdade, mas não o fará pelo exercício de virtudes intelectuais e morais características da ciência, da cultura, do conhecimento. Até quando se bate com a verdade, a falácia pode ser vista como um lance que fracassa, pois, se acerta, o faz por acaso, e a vitória então obtida será artificial, por se dar sem o trabalho comum do convencimento.

6. As tarefas são muitas, e delicado o tecido dos argumentos. Será satisfatório e justo um argumento, mesmo quando bem composto, caso não seja forçado além do que lhe permitem sua natureza, as evidências disponíveis e o cuidado com os danos possíveis ao contexto da argumentação. E isso exige um cuidado adicional da parte de quem preza a dimensão própria da universidade. Diferentemente do espaço mais selvagem da luta política, a universidade deve manter-se como lugar do convencimento, não da mera persuasão. Claro que convencimento e persuasão não se distinguem por completo nem se realizam com pureza. O convencimento, porém, supõe a procura de uma resposta coletiva, um "vencer com", um assentimento público, uma justificação preferentemente bem fundamentada, que, por isso mesmo, deve ser reconhecida como satisfatória, mesmo pela expressão da vontade majoritária. Por isso, o convencimento dá-se ao trabalho de desfazer nós argumentativos e de explicitar, com transparência, os interesses e as consequências de uma deliberação. Já a persuasão procura antes o método alexandrino, corta nós com sua espada, com suas armas todas, pois importa-se apenas com o resultado obtido – o que, para a instituição, costuma produzir vitórias de Pirro.

O espaço público não é uma trama vazia. Ele se entretece com a natureza da instituição, nunca se confundindo com as redes sociais, hoje devastadas e sem lei. Ele depende, portanto, dos acordos coletivos, de conquistas múltiplas, que conferem, enfim, significado a nossas peças básicas de argumentação e nos permitem pensar além da mera repulsa ou da adesão ilimitadas, características de movimentos fanáticos. O espaço público é, pois, condição de cultura, lugar onde se laboram múltiplos refinamentos possíveis e concorrentes e onde se reconhecem e se afastam preconceitos.

Nenhum valor é absoluto, sem referência a um contexto. Podemos, assim, divergir acerca da qualidade moral de um indivíduo, mas teremos medidas que ultrapassam o juízo individual para estabelecer o alcance e o significado de um gesto. Tomemos por exemplo uma noção que tudo teria para envergonhar qualquer pessoa, a "covardia". Ora, atribuída a alguém de forma crua, ela causa embaraço, mas pode ser vista, sim, positivamente, se ela significar que, no pacto originário por que se estabelece um Estado, subsiste o compromisso do soberano em proteger o cidadão de uma morte violenta, de sorte que, dada essa condição, passa a ser uma virtude cívica preferir a justiça à virilidade do duelo e à violência do linchamento. Medidas compartilhadas dessa ordem afetam o nosso espaço comum e desenham a margem de liberdade com que se afirma a gramática férrea dos conceitos e das relações sociais. Para dar outro exemplo, a gramática de nossos conceitos públicos pode perceber que a preguiça, para além de um vício individual, pode ser um direito a ser defendido, cabendo proteger os trabalhadores de uma exploração desmedida ou da completa precarização.

Temos pensado aqui especialmente no espaço da universidade, acreditando que a aposta nas condições da argumentação é complementar ao escrutínio rigoroso dos argumentos, sobretudo os que, na própria atividade finalística, se condensam como meios para uma pesquisa científica séria, para um ensino cuidadoso e para uma atenção extensionista capaz de reconhecer e respeitar formas culturais que dialogam com a universidade. A proteção do espaço público na universidade, inclusive de seus fundamentos, mostra-se, a nosso ver, um meio fundamental para a restauração permanente da aura dessa instituição deveras exemplar[5]. E essa tarefa permanente torna-se agora ainda mais urgente e difícil, tendo em conta o esfacelamento mais amplo de outras esferas por que se constituem os parâmetros morais e políticos de nossa coletividade.

Em todos os níveis, seja na universidade, seja na sociedade mais ampla, argumentar é fazer uma aposta em um espaço público. É também depender

---

[5] O sentido dessa recuperação da aura pode ser mais bem entendido com a leitura do capítulo "A aura da universidade pública", neste volume.

deste como de uma pedra de toque para decisões individuais e coletivas, uma vez que sem ele nenhuma argumentação pode subsistir nem ter um sentido determinado. O esfacelamento, porém, parece mais amplo. Recentemente, um intelectual do porte de Jürgen Habermas lamentou não haver mais suficiente cultura para haver intelectuais, ou melhor, para que o trabalho intelectual prospere e tenha papel relevante.

> Desde Heinrich Heine, a figura histórica do intelectual ganhou importância junto com a esfera pública liberal em sua configuração clássica. No entanto, esta vive de certos pressupostos culturais e sociais inverossímeis, principalmente da existência de um jornalismo desperto, com meios de referência e uma imprensa de massa capaz de despertar o interesse da grande maioria da população para temas relevantes na formação da opinião pública. E também da existência de uma população leitora que se interessa por política e tem um bom nível educacional, acostumada ao processo conflitivo de formação de opinião, que reserva um tempo para ler a imprensa independente de qualidade. Hoje em dia, essa infraestrutura não está mais intacta. Talvez, que eu saiba, se mantenha em países como Espanha, França e Alemanha. Mas também neles o efeito fragmentador da internet deslocou o papel dos meios de comunicação tradicionais, pelo menos entre as novas gerações. Antes que entrassem em jogo essas tendências centrífugas e atomizadoras das novas mídias, a desintegração da esfera populacional já tinha começado com a mercantilização da atenção pública.[6]

Importante o testemunho de Habermas, que já nos ensinou bastante sobre as condições de uma comunicação desimpedida, pois ele próprio percebe e padece de um mais grave e menos abstrato esvaziamento da mais ampla esfera pública. Não haveria intelectuais sem espaço público, sem letramento, no sentido emprestado por ele. Não há, portanto, dimensão moral coletiva sem expedientes a discernir o joio do trigo. Na falta de espaço público, o verossímil vira verdade, agressões confundem-se com crítica, e cinismo passa por inteligência. E "atenção pública" e "opinião pública" não constituem por si um espaço público, ao menos não no sentido relevante que lhe queremos emprestar.

Habermas lembra, enfim, que intelectuais não são plantas solitárias nem seres anaeróbicos. Também nos lembra não haver verdade independente na

---

[6]   Entrevista de Jürgen Habermas concedida ao jornal espanhol *El País*, 8 maio 2018. Disponível em: <https://brasil.elpais.com/brasil/2018/04/25/eps/1524679056_056165.html?fbclid=IwAR1ewk8-W-9MKM_mKVlkSQxudqnj-eEVIM_Kh-Qx_UV_L52wMHFhRKWRspk>; acesso em: 16 jan. 2020.

argumentação de interesse público. Certamente, o espaço público tem suas verdades formais, que são a presença mesma da linguagem, constituindo-lhe um solo comum, pelo qual os laços de memória e transmissão da verdade também são garantidos. Entretanto, nunca é sequer um mesmo espaço, pois esse não se determina com independência da cultura e dos meios por que o pensamento se guarda e renova. Inclusive, no limite, como bem nos ensina Wittgenstein, até mesmo o que deve ser aceito como uma demonstração não se define em abstrato ou universalmente, com independência de certas articulações pragmáticas entre a linguagem e formas de vida.

Isso que vale em geral aplica-se aqui com tanto mais força à universidade. O espaço público conforma-se, sobretudo, em dados contextos, segundo certas regras, que são não formais. Não havendo, porém, um solo comum, não há democracia, apenas simulação de democracia. Afinal, não havendo autêntico diálogo, tornam-se indiscerníveis nesse ambiente os argumentos sólidos daqueles que não o são. E a palavra, fora desse contexto, é mero simulacro e talvez mera face retórica que pode reforçar a rudeza e a violência de nossos gestos.

7. A recuperação da aura da universidade, eis nossa tarefa permanente. Podemos ter déficits de orçamento, devemos lutar contra déficits de representatividade, precisamos lutar contra a ineficiência e pela excelência, mas não podemos conviver com déficits de representação, sob pena de, tornados uma repartição pública como outra qualquer, não tecermos nossas medidas e critérios coletivos – o que expressaria um fracasso no exercício de nossa própria autonomia.

Certamente, a instituição mais pura não está imune à voracidade do tempo nem deixa de nutrir culpas atávicas. Entretanto, não podemos apenas negar um espaço valioso como o da universidade. Cheia de erros, decerto, ela não é criminosa em seus sonhos. Por isso, como um valor da sociedade, sendo uma finalidade e nunca mero instrumento, mais que ser negada, a universidade precisa ser transformada. Assim como a instituição, sendo autônoma, deve justificar a todo instante seu direito à existência, também os agentes institucionais devem questionar seu próprio posicionamento, afastando qualquer perspectiva olímpica, mas jamais renunciando, por isso, à obrigação de defender ao menos um interesse, qual seja, o do fortalecimento do espaço público que tanto é constitutivo da universidade como também é por ela constituído.

Sendo esse gesto de defesa e transformação do espaço público feito em meio à linguagem, ele não se faz decerto sem risco ou sem seu devido peso. Entretanto, isso não faz valer uma suspeita cética, dirigida contra todos. Não nos faltam chão, história ou sentido. Ao contrário, se a linguagem está no centro do enigma, ela também nos traz a resposta: a justificação de argumentos e a legitimidade das posições, elas se fazem no próprio espaço público, que somente argumentos e ações a eles conformes podem alimentar e fortalecer.

Nessa luta, então, os que defendem a universidade, e ademais nela atuam com algum papel institucional, podem achar úteis as sugestões seguintes – enunciadas, meio a sério, como provocações de um gestor idoso e sem pretensão normativa, sem garantia de que as possamos mesmo seguir com sucesso. Elas são, sim, um permanente desafio para quem crê na importância de um espaço público e deseja a palavra como instrumento de liberdade:

1) Tenha máxima atenção ao que lhe diz o outro. Por assim dizer, ouça o irmão como se fora um inimigo e um inimigo como se fora um irmão, esforçando-se para que ambos retornem a um solo de consciente ignorância. Afinal, nada complexo vale pelo que é (quando saberíamos sua verdade antes do jogo), mas vale, sim, por como é, ou seja, pelo modo como sua verdade se mostra em palavras e ações.

2) A sugestão anterior está longe de ser suficiente. Desloque-se, então. Estranhe seus próprios conceitos, que não são verdades eternas, mas estão também condicionados. Saia do conforto de ser quem é, até para saber quem você é realmente. Pergunte-se o que é estar no lugar do outro não para ser o outro e menos ainda para fingir ser o outro, mas para compartilhar com ele não causas, e sim razões. Isso, em dois sentidos. Primeiro, perguntando o que move seu interesse. Segundo, procurando o que lhe causa dor. O interesse e a dor são a matéria bruta que o argumento mais refinado camufla e disfarça, mas que, isolados de tudo, sem perspectiva de futuro, somente alimentam retóricas e nunca uma verdadeira emancipação.

3) Coloque o interesse do comum, após debulhado e despido, no lugar dos interesses particulares e nunca procure apenas reparar uma dor ou uma falta, mas encontre para ela uma nova expressão. Apenas em um espaço público rico (com educação científica diversa, sensibilidade cultural e artística, esforço de letramento ou letramentos, condições de estudo

e pesquisa, combate permanente a discriminações e violências, exercício afirmativo de direitos, exposição plena à sociedade), interesses podem mostrar-se para além da mera demarcação de um poder e acima de um gesto de força. Ou seja, apenas espaços públicos fortes são legítimos.

4) A argumentação que tão somente destrói o adversário nunca é de todo vitoriosa. É preciso compreendê-lo e estar com ele para verdadeiramente haver convencimento – ou não se trata de argumentação, mas de higienização do contexto.

5) Quando, porém, alguém opera para apenas destruir o contexto da argumentação, quando opera para, a qualquer preço, fazer prevalecer seu interesse, o espaço público deve reagir, e isso sem hesitação. Ninguém da comunidade universitária deve ser excluído do seu espaço público, a menos que o ameace e agrida. Nesse caso, não pode haver conciliação com tamanha ameaça. Conciliar, então (como nos ensinou Churchill, referindo-se aos nazistas), seria como alimentar um crocodilo na esperança de ser devorado por último.

Vale, enfim, lembrar que mesmo o mais educado espaço público jamais estará livre de falácias. Elas continuarão a ser inevitáveis e frequentes. Também o ódio (alimento maior da retórica) e os interesses parciais (sua fonte constante de força) tendem a mobilizar as pessoas com muito mais entusiasmo que a luta por direitos ou por causas mais nobres e comuns. Entretanto, um espaço público forte e bem constituído resistirá melhor a quaisquer absurdos e será mais rápido e eficaz na correção de rumos. Nele, sempre será mais fácil separar virtude de vício, bem como proteger interesses mais elevados, como o da própria emancipação de nossa inevitavelmente precária natureza humana, estando definida sua precariedade por uma crua realidade de exploração.

O debate sobre falácias é de todo incerto. Sem garantia de sucesso, assim como não temos garantia qualquer de libertar-nos um dia de nossa carga. No jogo dos bons argumentos e das falácias, tudo é verdadeiro, sem mentira e muito variável. Porém, termina sempre por responder às questões centrais em qualquer democracia. Quem é o cidadão? Quem tem direito de argumentar? E quem tem o direito de representar esses mesmos cidadãos?

Se a questão essencial é a que nos diz quem são os cidadãos, então está muito bem definida a tarefa da universidade como sendo precisa e radicalmente a de formar cidadãos. Com isso, concluímos, reiterando aqui essa tarefa de formar cidadãos para o ambiente universitário, com a sofisticação própria desse ambiente e suas exigências argumentativas características, alimentando por essa tarefa o desejo de que, depois, propaguem-se os efeitos dessa cidadania por toda a sociedade. Por tudo isso, importa defender o espaço público e as condições de argumentação no ambiente acadêmico, sendo a universidade, ao fim e ao cabo, o lugar natural e artificial da lógica e da democracia.

UNIVERSIDADE E DEMOCRACIA

A vida universitária parece solicitar, mas também repelir, aspectos importantes das relações democráticas. Neste artigo, procuramos 1) indicar a complementaridade entre experiências de democracia direta e de democracia representativa no convívio e na gestão institucionais; 2) relacionar autonomia à exigência de democracia; 3) mostrar que, entre suas singularidades, a universidade é chamada a produzir o mérito que a define; e, enfim, 4) sugerir a necessidade de assimetrias que, não obstante sua natureza aparentemente pouco democrática, não podem nem devem ser simplesmente negadas.

Aqui, consideramos como *universidade*, em sentido mais estrito, aquelas instituições às quais se aplica, diretamente ou por analogia, o disposto no artigo 207 de nossa Constituição Federal, ou seja, instituições que, por um lado, "gozam de autonomia didático-científica, administrativa e de gestão financeira e patrimonial", devendo, por outro lado, obedecer "ao princípio de indissociabilidade entre ensino, pesquisa e extensão", possuindo esse laço de modo efetivo ou, quando menos, potencial, visto que definidor. Em sentido lato, pode estender-se a instituições privadas sem fins lucrativos (comunitárias, confessionais ou filantrópicas), em maior ou menor medida, na proporção de sua semelhança de família com a descrição citada, que tomamos, portanto, como um tipo ideal. Também, por *democracia*, temos em conta o traço essencial de se confiar na "sabedoria da comunidade", no que se refere à definição do sentido, do projeto e dos destinos da instituição. Ou seja, democracia é, nessa descrição restrita, sobretudo um valor, sendo desejável, malgrado qualquer adversidade ou evidência em contrário. Desse modo, este artigo não procura

80 UNIVERSIDADE PÚBLICA E DEMOCRACIA

apresentar um histórico amplo nem detalhado da relação entre universidade e democracia, mas sim um ponto de vista conceitual, a partir do qual questões de fato e relações de ideia se entrecruzam.

1. O primeiro desafio de qualquer democracia reside em decidir quem tem direitos de cidadania e em que medida pode exercê-los. A democracia, então, opera também por uma exclusão inicial, no limite abjeta, em relação a um outro. Em seus primórdios, por exemplo, excluía as mulheres, além, obviamente, dos estrangeiros. Nem todos, portanto, podiam defender na ágora seus interesses. Nesse sentido, a comunidade em que a palavra tem precedência sobre outros instrumentos de poder não se delineia ao acaso, ela deve, antes, estabelecer sua medida comum, conforme em geral a sua finalidade e oriunda de sua história.

No caso da universidade, com o risco de uma visão unilateral (que em seguida afastaremos), sua finalidade e sua justificativa estão em formar pessoas e em produzir conhecimento. Com isso, a decorrência quase natural (e aparentemente inocente) levava a uma quase exclusividade lógica e política da categoria dos docentes em todos os processos deliberativos. Esse, um primeiro problema. O que parece natural pode comportar um viés perigoso, qual seja, o de realizar processos concretos de deliberação com base em uma prerrogativa abstrata, desconsiderando, nesse caso, o fato nada trivial de que, primeiro, para cumprir sua missão, a comunidade interna de docentes depende do trabalho também qualificado de técnicos em funções das mais diversas, funções que, de resto, não aceitam mais a distinção entre trabalho intelectual e manual; segundo, a função de ensino e pesquisa não tem sentido sem o envolvimento interessado dos discentes, que lhe matizam o alcance; terceiro, técnicos e discentes também lembram e trazem para dentro da instituição, no correr do tempo, as demandas da sociedade à qual vem atender e perante a qual a universidade se justifica. Sendo assim, a universidade não é nem pode ser mera república de docentes. Se assim o fosse, ela se tornaria propriedade de uma espécie de sociedade limitada, seria uma empresa no vale do Silício, não um projeto comum, aberto à sociedade, em nada paralisado ou fechado sobre si mesmo.

É salutar, portanto, o misto de formas de exercício democrático que podemos reconhecer no tecido da universidade. Devem dialogar todas as formas, da assembleia direta às representações mais indiretas, sendo todas responsáveis por conservar e fazer conviver, em bom atrito, conselhos e comissões, reuniões de departamento e congregações, disputas sindicais e debates científicos. E tanto mais representativo o gestor quanto mais guardar, nos processos de deliberação que conduz no tempo próprio da gestão, a memória dos interesses, a gama de perspectivas que mal perfazem um conjunto, bem como a diversidade dos ritmos e dos lugares.

2. A universidade não é um projeto burocrático. Além de não ser uma empresa, não é uma repartição pública qualquer. A ela não se aplicam leis formais de gestão, sem relação com os conteúdos que veicula. Sua autonomia, ademais, não se estabelece como uma espécie de direito absoluto e vazio, pois deve renovar os votos, banhar suas guias de tempos em tempos, como a justificar, em atos e decisões, seu próprio direito à existência.

A universidade é, portanto, uma obra em andamento, mostra-se em seu fazer-se. Assim, sua autonomia está associada à condição de projeto flexível, de obra aberta, mas também de maioridade, de responsabilidade por seus atos, que devem resultar de exercício deliberativo próprio e da renovação de seus laços com a sociedade. Aqui, nesse conjunto de laços conceituais que bem parecem uma série de truísmos, temos seu maior desafio atual. A universidade, em sua condição de instituição pública, não parece mais abençoada pelas elites, que lhe mantinham uma aura elevada, um prestígio, mas ao preço, em regra, de uma servidão, de uma reprodução constante de privilégios destinados a privilegiados. À universidade permitia-se tudo, pois nela se garantia a adequada acomodação de pesquisas a interesses das classes dominantes, formando ora novos líderes, ora novos empregados. O desafio maior agora, a seu favor e contra ela mesma, é o de conferir-lhe uma aura autêntica, uma que não a limite a uma representação seletiva e excludente, uma que aproxime sua composição da diversidade étnica de nosso povo, uma que a faça incorporar interesses de pesquisa e formação muito além das exigências diretas do mercado.

Se eivada de contradições, se alimentada por conflitos, essa instituição pode, todavia, negar-se conservando-se, pode incorporar e preservar tradições valiosas, somando a essas vozes outras até então sufocadas. Instituição antiga, patrimônio de valores ambíguos, não cresce por supressão, mas por acréscimo; não avança por aplacar conflitos, mas por explicitar-lhes o sentido, por lhes retirar as consequências. Dessa maneira, a multiplicidade de formas e regimes democráticos que nela habitam não é um dado anedótico, ou um desvio, ou uma doença, que o bom gestor ou a boa política deve curar. É parte essencial de sua vitalidade, cabendo-nos antes cuidar de que haja, digamos, uma boa circulação dos humores.

3. Não há democracia plena sem que seus cidadãos, aqueles que conformam uma comunidade, participem da deliberação, no que lhes concerne. Não há democracia sem o trabalho para que se observem algumas condições: 1) igualdade de direitos; 2) reconhecimento da alteridade; 3) condições equânimes de acesso aos meios de argumentação; 4) confiança na própria linguagem como terreno comum para resolução de conflitos.

Certamente, a igualdade de direitos é bem qualificada no ambiente universitário. Caso contrário, seria nominal e hipócrita. Assim, uma autoridade legítima pode ser evocada, sem risco de falácia, caso se trate de operação interna ao ato de formar e de produzir conhecimento. Será, entretanto, destrutiva, criará abismos, caso se estenda além de limites acordados e pretenda valer em todo e qualquer contexto, quando líderes se amesquinham em severos senhores.

A diferença também não pode ser o que está fora. Se tem razões, essas devem ser incorporadas ao debate e explicitadas por ele, para que suas razões profundas não sejam aplainadas por decisões de superfície. Nesse aspecto, a universidade é historicamente o lugar da novidade, da criação e, logo, o espaço mais propício ao reconhecimento da diversidade, no que esta pode ter de riqueza.

A terceira cláusula concentra, porém, nosso maior desafio. As condições de acesso ao debate, de domínio refinado dos meios e sutilezas da argumentação não podem ser consideradas medidas de mérito e talento prévias ao próprio espaço universitário. Com efeito, o talento individual não pode ser desconhecido. Entretanto, não se trata ele de uma iluminação divina, que dispensa o acesso comum a boas bibliotecas, alimentação, moradia, bem como ações afirmativas e outros exercícios democráticos de acolhimento, de sorte que a universidade crie o mérito de que se alimenta e não apenas proteja os previamente privilegiados.

Essas cláusulas não são triviais. Defendê-las é algo que se faz não pela supressão da diferença ou por uma igualdade dada pela exclusão de outra, mas sim por políticas públicas, pois um ensino superior inclusivo favorece a democracia, que, por sua feita, dá vida e sentido à universidade. E, para conquistar e montar tudo isso, sem que seja destruído o tecido da vida universitária comum, é preciso, em quarto lugar, confiar na própria linguagem, de modo que a democracia, além de meio natural, passe a ser objetivo constante de nossa singular forma de vida. Com isso, a procura quase utópica (mas, em verdade, bastante efetiva) dessas cláusulas e condições permite a transformação de vícios que se reproduzem e se retroalimentam em um autêntico círculo virtuoso.

4. Produzir uma aura autêntica para a universidade: eis a via da luta democrática, pela qual nossas vozes são autorizadas, e as diferenças, debatidas, e não destruídas pela vitória física ou simbólica de um interesse unilateral, mesmo que justo. Somente assim podemos afastar manifestações totalitárias, qualquer que seja a coloração política. Temos, afinal, um compromisso estratégico com a produção de uma comunicação desimpedida, à qual podemos associar uma produção do conhecimento e uma formação de pessoas voltadas, sobretudo, ao interesse da emancipação, não ao interesse puro e simples da dominação da natureza ou da sociedade.

Isso não significa, porém, desconhecer assimetrias constitutivas de nosso fazer acadêmico. As assimetrias apenas não podem ser congeladas. Lembremos aqui a tirada de um grande pesquisador. Para quem visitava seu laboratório, ele costumava dizer, em tom de brincadeira, apontando para a porta de entrada bem encarnada: "Vocês sabem o que é o vermelho naquela porta?", logo respondendo ele mesmo: "É o sangue da democracia, quando ela quis entrar aqui!". O professor afirmava, assim, a condição de chefe de laboratório, de líder de pesquisa, de orientador, à qual chegou com grande mérito e talento, ocupando um lugar que, segundo pensava, não deveria ser contestado e destinado no futuro a quem ele mesmo viesse a indicar.

Da mesma forma, em sala de aula, sabemos bem que a posição do docente não pode ser abandonada com rapidez. Fazê-lo beira a irresponsabilidade e, amiúde, oculta aulas mal preparadas, ruins a seu modo, como aulas repetidas. Também a arquitetura das aulas, bem como das instâncias de gestão, pode denunciar um vício autoritário, que termina por afastar a instituição de seu destino e das melhores condições de seu crescimento e sempre necessária transformação.

A lição derradeira parece-nos clara. Em todas as situações, a democracia não é um dado, mas sim uma construção permanente. É preciso deixar nossas cadeiras vazias, as portas devem, com boas razões, poder ser abertas. As tarefas do ensino, da pesquisa, da extensão ou da gestão não são pacíficas, são desafiadoras. Como dado ou mera formalidade, a democracia é estranha à universidade e se torna letra morta ou protocolo de destruição. Entretanto, como uma missão permanente, é um valor universal, que devemos reinventar e bem matizar, no início, no fim e no meio, em cada momento e em todas as estações do nosso caminho.

UNIVERSIDADE E CONHECIMENTO

1. O ambiente natural da pesquisa científica no Brasil é a universidade pública. Os índices da produção científica nacional o comprovam de forma incontestável, bem como a qualidade da formação oferecida por nossas instituições[1]. Não obstante esse dado claro, quantitativo e qualitativo, a universidade pública vive hoje sob constante ameaça e suspeição, como se fôssemos ineptos como acadêmicos, ineficientes como gestores e irresponsáveis como servidores públicos. Com efeito, parece ter se quebrado a sacralidade desse espaço de conhecimento e formação, sua aura mesma, cabendo-nos perguntar: 1) qual é a natureza dessa ameaça e 2) qual caminho devemos seguir neste momento.

2. A ameaça é interna e externa, resultando, em ambos os casos, de uma profunda incompreensão do valor mesmo da universidade, enquanto realidade concreta e projeto atemporal, aos quais a sociedade, se pretende ser desenvolvida e livre, jamais pode renunciar.

A ameaça é externa em vários aspectos. Nesse caso, a recente ação concertada da imprensa parece mero sintoma de um retrocesso em relação ao valor concedido ao ensino superior público e ao sentido de sua expansão. Com efeito, a imprensa não parece ter qualquer obrigação com o futuro ou com o passado de expansão do sistema, não respeitando ademais suas características específicas. Por isso mesmo, coloca a instituição em mera linha de continuidade com a

---

[1] Cf. "Research in Brazil: A report for Capes by Clarivate Analytics", documento recente e amplamente divulgado pela Capes sobre desempenho e tendências da pesquisa no Brasil. Disponível em: <http://www.capes.gov.br/images/stories/download/diversos/17012018-CAPES-InCitesReport-Final.pdf>; acesso em: 17 jan. 2020.

administração pública, por um lado, e com as instituições privadas de ensino, por outro. Dessa forma, a lógica da gestão própria de supermercados ou outras repartições é cobrada de uma instituição que, por definição constitucional, é reconhecidamente autônoma, ou seja, tem o direito e o dever de determinar e justificar publicamente suas escolhas, em função de suas atividades finalísticas de ensino, pesquisa e extensão.

Ora, a rapidez na expedição de mais e mais diplomas não pode ser a medida da instituição universitária pública, não cabendo, ademais, ser ela avaliada como um custo indesejável, quando, em verdade, é um investimento permanente. Da mesma maneira, compreendida como sistema e, ademais, como forma de vida complexa e integrada, a universidade não é um componente indiferente à própria constituição das condições por que o mérito acadêmico pode ser produzido. Com isso, é parte fundamental do investimento no mérito tudo que visa à diminuição de desigualdades, como o aporte de recursos de assistência estudantil, sendo a instituição, portanto, parte de um projeto de formação cidadã, que não se contenta em apenas reproduzir privilégios logrados fora e antes de seu espaço próprio.

A universidade não se faz com indivíduos desprovidos de contexto, medidos apenas por um padrão abstrato elevado, em relação a cujo alcance ela não teria qualquer responsabilidade. Ao contrário, a universidade pública diferencia-se por exercitar e justificar sua autonomia a partir de resultados, mas, sobretudo, a partir de procedimentos. Nesse sentido, nada mais perverso que o contingenciamento progressivo de recursos, como a obrigar os gestores a renunciarem quer à assistência estudantil ou à qualificação de seu pessoal docente e técnico, quer à manutenção de laboratórios ou ao investimento em infraestrutura. E tal recuo no financiamento tem faces múltiplas, vez que se somam à restrição dos recursos discricionários do custeio e do investimento das universidades as ações restritivas de outros órgãos de fomento, tanto federais quanto estaduais. Com isso, temos que considerar como graves ameaças externas ao futuro e ao projeto de desenvolvimento de nossa sociedade a diminuição de recursos e a redução de políticas no país e também em nosso estado, como sintomas de uma cegueira estratégica, seja do CNPq, seja, em nosso caso, da Fapesb[2].

---

[2] São diversas as manifestações de nossas associações e sociedades (Andifes, SBPC, Academia Brasileira de Ciências etc.) sobre o contingenciamento de recursos para a pesquisa científica no país. Cf. a nota conjunta dessas entidades. Disponível em: <http://www.abc.org.

A ameaça tem sua retórica própria, simulando racionalidade e bom senso. Assim, ela pretende se justificar ora apontando erros do sistema (que devem ser corrigidos, sem que a criança seja lançada fora com a água do banho), ora com a apresentação de causas aparentemente mais sensatas e mais nobres, mas que, à luz da própria academia capaz de julgar sua eficácia, logo se mostram danosas. Por exemplo, nesse tempo de ataque ao ensino superior, produz-se a narrativa de que, como se fora um truísmo e logo medida de bom senso, o governo pode (ou mesmo deve) desassistir o ensino superior em favor da educação básica. É exemplo disso a ameaça de extinção do Pibid, programa voltado especialmente à capacitação da educação básica no ensino superior. Nesse caso, se a academia fosse chamada a opinar, com a competência que lhe é própria para analisar políticas públicas ligadas ao ensino, o aparente bom senso adquiriria ares de paradoxo e absurdo. Afinal, não pode haver investimento na educação básica que não passe pelo ensino superior, pela formação de professores para a educação básica e a permanente produção de novos conhecimentos.

3. Devemos convir que as ameaças não são apenas externas. A universidade pode ser um ambiente, como todos os outros, eivado de competição, sobretudo em momentos de escassez. E somente uma lógica perversa pode imaginar que a competição pura e simples deva ser mais e mais estimulada, com a noção selvagem de que a competição traria o melhor dos resultados, mesmo se revela amiúde o pior das pessoas.

Não estamos aqui alimentando uma imagem idílica. Faz parte da vida universitária algum conflito, disputa de posições, mas também disputa, pura e simples, por recursos, prestígio, poder. Também, em sua regularidade, a universidade não deixa de reproduzir desigualdades originadas fora de seu espaço, sendo ainda natural que, em muitas situações, repita conhecimentos de forma acrítica. Com efeito, tendo servido por tanto tempo aos interesses das elites, pode esquecer por vezes que a formação de novas elites é capaz de ter função muito mais ampla e significado mais elevado, coincidindo melhor com os amplos interesses da sociedade.

---

br/2009/07/05/?Orcamento-de-CT-I-O-pais-nao-suporta-novos-contingenciamentos>; acesso em: 17 jan. 2020.

Assim, por mais dificuldades que tenhamos, não há outra instituição pública que, como a universidade, signifique de forma essencial o exercício da criatividade, da redução de desigualdades, da ampliação de direitos. Logo, não é ambiente de pura e simples competição, porque é, sobretudo, o lugar mesmo da colaboração acadêmica. Não é simples lugar do conflito, porque espaço de exercício da argumentação, da demonstração científica, da prova e da atenção ao outro e a seus considerandos.

Mais e melhor que qualquer outro espaço público, a universidade cobra a preeminência da palavra sobre outros instrumentos de poder, sendo um lugar de confrontação de saberes e culturas, de exercício de um espírito cívico e crítico, de vanguarda cultural e científica, sendo ela ademais uma pedra de toque dos nossos projetos de sociabilidade. Sendo ela ameaçada, interna ou externamente, temos também comprometida uma instituição que não se curva a partidos, a governos ou ao mercado, advindo de tais ameaças resultados obscurantistas para a produção do conhecimento e efeitos autoritários para nossa vida comum.

4. Tendo em conta as ameaças externas e as tensões internas, podemos assim retomar, de forma direta, a segunda questão. O que fazer? Como enfrentar este momento difícil?

Ora, nosso caminho agora é, sobretudo, de resistência, por meio da qual devemos lembrar ao Estado e à sociedade a importância do compromisso com o financiamento e a ampliação do ensino superior. A resistência se dá, principalmente, na realização do melhor de nossos esforços. Resistimos perseverando em realizar nossa própria natureza acadêmica e nossa autonomia. Resistimos com a melhor aula, a mais rigorosa pesquisa, a mais ampla atividade de extensão, as mais bem cuidadas publicações. E também resistimos com maior mobilização de nossos fóruns de decisão, de nossas assembleias e reuniões. E ainda com a constituição não burocratizada de nossas instâncias de deliberação, que não são meras repartições, separadas e estanques, mas devem sempre ser chamadas a pensar a vida universitária e, comprometidas com o todo da instituição, ser chamadas a inventar laços e a produzir caminhos.

Desse modo, podemos encontrar ou inventar o caminho pelo qual se recupera a sacralidade do espaço universitário. Certamente, não por um retorno a medidas elitizantes, mas sim pela compreensão de seu papel como espaço de ampliação de direitos, de boa e eficiente gestão dos recursos, de produção acadêmica de qualidade e de constante exercício de valores universais da humanidade. Devemos, por essa via de produção e formação de um conhecimento socialmente referenciado, recuperar o sentimento de ser a universidade um espaço não de privilégios, mas sim um lugar em si privilegiado, no qual vocação e profissão se encontram.

Com isso, podemos unir nosso labor específico ao desejo de transformação da sociedade, ao qual agregamos nossa medida própria da condição universitária, muitas vezes ignorada até por forças progressistas. Afinal, convém sempre lembrar, se outro mundo é possível, se lutamos para que outra sociedade se construa, nenhum mundo possível vale a pena sem uma universidade pública de qualidade.

PARTE II

UM EXEMPLO:
A UNIVERSIDADE FEDERAL DA BAHIA

ENTRE O CRISTAL E A FUMAÇA*

1. Começo, antes de tudo, homenageando nossa reitora, a profa. dra. Dora Leal Rosa, e seu legado pessoal. A UFBA certamente está e segue grata, Dora, a toda sua dedicação institucional, e sabemos bem terem sido sua elegância e seu caráter pontos de equilíbrio decisivos à gestão que se encerra.

Toda gestão guarda uma dimensão terrena, suporta uma rotina. Deve estar atenta, como diria Drummond, às flores de horta, às tábuas do forro, ao púlpito seco. Não deve perder, contudo, sua dimensão transcendente, em se tratando de uma universidade. E, tal como tive a fortuna de presenciar no conselho universitário e como pude flagrar em sua atitude como reitora (atitude difícil de emular e de suceder), seu zelo institucional plasmou-se em medida elevada, de sorte que, em sua prática, guardou-se um conjunto essencial de valores, e, assim, testemunhamos, em vários momentos, em meio à tensão característica do reino da necessidade, "De seu peso terrestre a nave libertada,/ como do tempo atroz imunes nossas almas"[1]. Nossa gratidão, portanto, Dora Leal Rosa.

2. Uma pergunta parece natural. O que é a UFBA? Talvez devamos mesmo começar por essa primeira formulação, a mais natural, embora antecipemos não estar satisfeitos com ela, quer por lhe faltar uma modalização adequada, quer por ser ela desprovida, em sua aparente inocência, da necessária radicalidade.

---

* Discurso proferido na posse como reitor da Universidade Federal da Bahia, em setembro de 2014. (N. E.)

[1] Carlos Drummond de Andrade, "Evocação mariana", em *Claro enigma* (São Paulo, Companhia das Letras, 2012).

A primeira recusa à pergunta é um tanto óbvia. Não podemos responder bem o que a UFBA seja sem lhe antecipar o que desejamos que seja, nosso projeto de uma universidade autêntica. Como resposta inicial, mas matizada por esse viés, podemos retomar o que dissemos deste mesmo lugar, há cinco anos, em nosso discurso de posse na diretoria da Faculdade de Filosofia e Ciências Humanas.

> Uma universidade autêntica nunca se resume a uma instituição de ensino, nem é sua marca própria a mera prestação de serviços. Uma universidade pode formar pessoas e ter um ensino de qualidade exatamente pelas pesquisas que desenvolve e pela relação singular e orgânica que estabelece com a comunidade. Assim, como instituição pública, democrática e gratuita de ensino superior, a universidade se caracteriza por produzir conhecimento, mantendo uma necessária relação com a sociedade em que se insere, de sorte que tal laço indissolúvel entre ensino, pesquisa e extensão deve ser bem mais que uma simples bandeira. Tal laço nos define. Desse modo, dada sua natureza, seu compromisso com a produção de conhecimentos e sua interação com a sociedade, a universidade torna-se lugar natural de concorrência entre saberes e também de crítica e de reflexão, sendo forte e necessária sua resistência ao que porventura possa ameaçar seu espírito crítico – espírito mediante o qual ela pode distinguir, por exemplo, os interesses de longo prazo da sociedade dos interesses imediatistas do mercado.

A UFBA não deve ser, portanto, apenas uma instituição de ensino, com o que não deixa de ter na graduação o centro de gravidade em relação ao qual se definem seus movimentos, mas que, se tomada como dimensão isolada, a condenaria à mera reprodução e à perda de autonomia, incapaz de sopesar e bem traduzir saberes produzidos alhures. Não é decerto uma empresa e deve combater o mero produtivismo, o que tampouco nos desobriga de intenso trabalho e dedicação. Não é uma repartição pública qualquer nem deve subordinar-se a projetos de governo que acaso lhe traiam a natureza, mas não está imune por isso a legislações que, muitas vezes, lhe comprometem a própria autonomia acadêmica. Não é um partido nem deve subordinar-se a qualquer partido, mas isso antes lhe confere a possibilidade de exercício da reflexão mais fina e de luta política mais intensa. Não é nem se filia a uma igreja ou religião, mas sua laicidade lhe permite e mesmo a obriga ao mais decidido combate a qualquer forma de intolerância religiosa, como de resto lhe cabe o combate a toda manifestação de autoritarismo, a toda forma de discriminação.

Por esse viés de reação, por esse conjunto de negações, articulávamos em nosso discurso autonomia e capacidade de produção de conhecimentos, perspectiva crítica e independência em relação ao mercado, a partidos e governos. Com isso, a resposta sobre o ser da UFBA envolvia e envolve uma modalização, tanto mais profunda quanto mais radical. Entendemos aqui "modalização" como uma marca imposta a um enunciado, expressando, então, uma posição sobre o conteúdo que se enuncia. Por exemplo, a frase pessoana "Minha pátria é minha língua" registra com felicidade um fato, suavemente desejável, mas se encontra nua, quase desprovida de força modal. Ao contrário, dado o contexto argumentativo, tudo muda com a força modal de necessidade na semelhante afirmação wittgensteiniana, pela qual então sempre e necessariamente: "Os limites da linguagem (a linguagem que, só ela, eu entendo) significam os limites de meu mundo".

As descrições sobre a UFBA, acreditamos, devem ser compreendidas com força modal. Não a dizemos bem sem acrescentar-lhe a mediação do futuro ou a condição de um permanente projeto. Em campanha, por isso mesmo, tensionamos logo o real e o ideal, desenhando a UFBA que queremos, ou seja, uma universidade capaz de, com o melhor de sua competência, continuar liderando em nosso estado as principais iniciativas de educação superior e de corresponder, com protagonismo, aos desafios postos por nossa sociedade. E, com o sabor de projeto, mediante esse compromisso, convidamos os que acaso desejassem se unir nessa jornada ao desafio do embaralhar de conceitos que precisam, sim, se mover com pressa e paciência; convidamos (convite que, é claro, não se encerra) ao bom barulho da diversidade cultural e da tolerância epistemológica, pelo qual podemos e queremos associar excelência acadêmica e compromisso social da universidade.

3. O texto de nosso compromisso avançava um projeto de qualidade e excelência, bem como um método democrático, coletivo e argumentado de deliberação. Nesse sentido, a resposta é boa, mas ainda genérica. Parece, afinal, que não dizemos exatamente o que é nossa universidade, quando apenas dizemos a UFBA que queremos. Mas, então, o que é ou deve ser a UFBA?

Em recente palestra na Academia de Ciências da Bahia, atendendo a convite do dr. Roberto Santos, pude rememorar uma resposta bastante sagaz e premonitória que o próprio dr. Roberto dera, como deputado federal, havia dezoito anos, ao proferir discurso em comemoração aos cinquenta anos da UFBA. Está presente em seu discurso, por exemplo, como descritivo da

UFBA, a tensão entre o modelo de uma universidade e a permanência de uma estrutura de escolas isoladas, tensão que, de resto, continua em muitos aspectos, nem todos benfazejos. Também está presente a preocupação com a expansão, definida justamente como uma prioridade, de sorte que, afirmava, para atender aos interesses de nosso povo, teria "de crescer em ritmo bem mais rápido a proporção dos baianos que cumprem os requisitos para o acesso aos cursos de nível superior" e, é claro, as vagas disponíveis, acrescentando que o reduzido número de então colocava a Bahia "em situação desconfortável, mesmo dentro do Nordeste brasileiro".

Insistia, ainda, que um modelo de universidade é projeto que sempre se realiza em situação concreta, não podendo deixar de corresponder às exigências específicas da sociedade, em particular, a baiana, de sorte que, afirma, "a pesquisa técnico-científica, a merecer preferência, deverá resultar em contribuição relevante para a melhoria da qualidade de vida e [em sua formulação] em uma mais justa distribuição da renda regional". Enfim, enfatizava a importância da investigação científica e da formação de pesquisadores. Com isso, faria uma aposta, ainda hoje decisiva e que reiteramos, em qual deve ser o destino da UFBA, seu lugar no cenário do ensino superior, tendo em conta a ameaça (que ainda paira no ar) de que "venha a ocorrer um distanciamento cada vez maior entre as universidades que abrigam projetos relevantes de pesquisa técnico-científica e as instituições isoladas, em geral voltadas tão somente para a formação profissional".

Ainda marcados por tais tensões, mesmo se as formulemos em outros termos e lhe complementemos a ênfase na formação e na pesquisa contemplando as humanidades, em que contexto podemos trabalhar, agora que nos aproximamos da comemoração dos nossos setenta anos?

Ora, estamos diante de uma significativa expansão do ensino superior, expansão que perfaz uma tarefa histórica de nossa geração e das gerações vindouras, mas que não se faz sem dificuldades ou com os recursos realmente necessários, devendo estas dificuldades ser enfrentadas em cooperação (e não em competição) com as demais instituições de ensino superior do estado. Temos ademais uma significativa interiorização do ensino superior federal em nosso estado, deveras importante e estratégica, mas que ora tensiona a administração da UFBA, ampliando os gastos em custeio em proporção superior aos recursos disponíveis, além de cooperar pouco com a rede estadual de ensino superior.

Vivemos também o decisivo e benfazejo (e desafiador) impacto de dez anos de ações afirmativas, que nos cabe aprofundar, garantindo, para além do acesso, uma verdadeira inclusão. Nesse sentido, importa inclusive combater, dentro da própria universidade, todas as manifestações de autoritarismo, toda forma de discriminação, para o que, por sinal, damos em nossa gestão um passo significativo com a efetiva implantação da ouvidoria da UFBA.

Encontramos também na UFBA, como correlata à expansão de vagas, uma significativa ampliação do espaço físico. Entretanto, esse conjunto de obras, algumas hoje paradas, não se promoveu com a garantia prévia de uma estrutura adequada para planejamento, realização de projetos, acompanhamento e execução, além de padecermos do jogo pesado e inóspito das licitações, em relação às quais, bem como em relação a outros procedimentos, é digna de nota a ação ambígua dos novos mecanismos de controle, nem sempre efetivamente a serviço da causa pública que, em tese, formalmente, pretendem defender. Também a expansão bem denuncia uma fragilidade importante em nossos sistemas de TI, pouco integrados e despreparados para a nova dimensão da universidade, a exemplo das dificuldades relativas ao sistema acadêmico, mas também da falta de integração entre sistemas diversos e ainda da demora na implantação de sistemas de gestão, como o Sipac.

Importa ainda registrar, como traço adicional desse contexto, um recuo na UFBA em relação ao originário e profundo investimento nas artes (outrora um traço distintivo, uma marca da vocação de nossa universidade). Além disso, em nossa cultura acadêmica, é possível identificar uma resistência à avaliação nem sempre salutar, resistência que, por vezes, se traveste em seu oposto também provinciano, a saber, em uma aplicação burocrática de regras, que as torna ainda mais rigorosas que as das agências de fomento e, de resto, bem menos sensatas. E, também como traço de nossa cultura acadêmica, parece faltar-nos o tempo próprio da reflexão, de modo que, após demorada indefinição, novos procedimentos podem ser introduzidos abruptamente, sem o devido aprofundamento, tornando-se a garantia de debate democrático pouco mais que uma formalidade. Isso pode levar a distorções, como as que fazem opor formação disciplinar e interdisciplinaridade, quando deveriam essas dimensões alimentar-se reciprocamente, de modo que o trabalho disciplinar não gere tão somente frutos previsíveis nem falte ao trabalho interdisciplinar a desejável profundidade, quando ele não se dá por mero ajuntamento de disciplinas e se tece por interrogações capazes de ultrapassar as divisões burocráticas dos saberes, traçando pontes e produzindo resultados relevantes, para além de simples retórica.

Esses são alguns dos traços e dos tópicos de nosso atual contexto. Há desafios efetivos, alguns teóricos, como o de nunca perder de vista a centralidade da tarefa de produção do conhecimento, compreendendo, todavia, que ela se dá em condições concretas, nas quais, entre outros casos, cumpre associar o desafio da internacionalização à ampliação e à melhoria da assistência estudantil. Cabe-nos, afinal, dada a complexidade da vida universitária, tanto aprofundar ações afirmativas quanto favorecer a implantação de novos INCTs (Institutos Nacionais de Ciência e Tecnologia), tanto fortalecer nossas licenciaturas quanto consolidar grupos de pesquisa. Observo: consolidar os grupos, não os expurgar, os diminuir ou os domesticar, pois que a gestão tem mais e muito que aprender com o modo efetivo por que, entre nós, nas diversas áreas e segundo padrões distintos, se realizam a pesquisa e o ensino de qualidade.

Outros desafios são deveras materiais e objetivos, a começar pela situação das obras e pelo déficit de custeio, desafios a ser enfrentados pela nova gestão, o que esperamos fazer com criatividade, austeridade e muita luta, sem renunciar às garantias de segurança da nossa comunidade ou de investimento em nossas instalações, sem recuar em nossa política de assistência e nas ações afirmativas nem nos investimentos que visam à qualificação de nossos trabalhadores e também sem comprometer a qualidade de ensino, pesquisa e extensão.

4. Não é mais fácil, mas sim bem mais preciso, dizer a UFBA por seu vir a ser, por seus projetos, modalizando a descrição pelo contraponto do negativo, o presente pela expectativa do futuro, a realidade pela indeterminação da utopia.

Não cabe perguntar simplesmente o que seja, pois a UFBA não é coisa, a ser descrita por um feixe de propriedades, a cujo arranjo adequado repugnaria qualquer contradição. Não é assim objeto, cuja verdade possa ser estabelecida, mas sim um sujeito, ou melhor, uma multiplicidade de sujeitos, cujo projeto comum, cujo sentido, deve ser interrogado. A pergunta mais radical não se volta ao que é a UFBA, mas sim a quem somos nós, esses que têm na UFBA não um mero emprego, mas que aqui encontram o lugar de sua vocação. Quem somos esses que devem determinar seu sentido, porque não nos utilizamos simplesmente de suas instalações, de seus recursos, não privatizamos seu espaço físico nem esvaziamos seu espaço público e político, mas antes a servimos, pois que fazemos identificar nossos interesses com seu interesse maior de produção de conhecimento e de emancipação social?

Na pergunta adequada "quem é a UFBA?", quem quer que pergunte já se coloca implicado pela pergunta, e tudo muda. Como aprendemos com certa linhagem filosófica, somos um "tu" antes de sermos um "eu", e somos mesmo um "nós", não havendo, afinal, um eu primordial, que se defina sem contexto e sem a mediação do outro. Nesse sentido, a UFBA é um lugar privilegiado de mediação. Não sendo coisa, cujos predicados complementares se anulariam, o sujeito UFBA pode ser o lugar da imprevisibilidade, da criatividade, da diversidade, da transformação. Sua unidade não se resolve por decreto, sendo infensa à separação entre gestão e política, entre deliberação e democracia. Nada lhe feriria mais a natureza que um gestor tecnocrata, um planejador infenso a sua imprevisibilidade constitutiva, que é própria de sociabilidades voltadas ao conhecimento e ao diálogo.

Certamente, abriga alguns que nela veem pouco mais que um emprego ou um serviço, alguns que, contra sua natureza pública, a privatizam ou amesquinham. Essa, porém, não é sua verdade. E, se a olhamos de dentro – não com o olhar de eventual consumidor, mas com o olhar de cidadãos –, a UFBA tem aura. É vida. Não tem a organização e a fixidez dos cristais nem é volátil como a fumaça. Entre o cristal e a fumaça, é organismo – e, mais que organismo, é espírito. Essa sua imprevisibilidade constitutiva deve inclusive lembrar-nos que, se é falsa a noção cartesiana de que podemos pensar sem preconceitos, é necessário contemplar em nosso trabalho conceitual os preconceitos alheios, ou não travamos autêntico debate. Assim, essa negatividade, essa duração, pode também ser positiva, se aceitarmos nosso destino de produzir conhecimento e inovação e, com isso, de não termos a forma ou a forma pronta, sendo benfazeja a produção de sementes de coisas serem outras.

> Há uns eclipses, há; e há outros casos:
> de sementes de coisas serem outras,
> rochedos esvoaçados por acasos
> e acasos serem tudo, coisas todas.[2]

---

[2] Jorge de Lima, *Invenção de Orfeu* (São Paulo, Alfaguara, 2017).

Não sendo coisa, define-se por seu projeto, por seu futuro, inclusive pelos predicados que não tem, como se fora um cão sem plumas. Não sendo coisa, sendo antes sujeito, não se lhe aplicam bem as regras tradicionais da predicação, como se fora objeto a desdobrar ou trazer à luz uma essência fixa antes esconsa. Como um sujeito, portanto, é, antes de tudo, um nós, que não tem centro imperial, mas que, todavia, a todo instante, por diversas formas, precisa aprender a vocalizar-se, a representar-se, a refletir, como faremos com o Congresso da UFBA, que não é um fim em si, mas, sobretudo, um meio a mais para afirmar a UFBA como lugar de reflexão, como espaço pelo qual se reforça sua autonomia segundo os instrumentos mais finos de sua capacidade científica de análise e os procedimentos mais democráticos de constante deliberação. Com isso, começando a concluir, não respondemos mais o que é a UFBA, mas sim quem é a UFBA e como ela mesma se desafia inteira em quanto nela se pode enunciar.

5. A UFBA, porque sujeito, porque espírito, porque espaço coletivo, é um lugar que alimenta e dá sentido a aforismos. Em minha opinião, nossa caminhada se cristalizou em um aforismo, macerado ao longo da campanha, pela ação e reação de todas as falas, e enunciado neste salão, no último debate, como "um sol saído de uma azul casca de ovo".

Lembro aqui, com Barthes, que um aforismo se assemelha a uma máxima, sendo ainda mais seco e duro, mas capaz de explodir com uma simples gota d'água: "A máxima é um objeto duro, luzidio – e frágil – como a carapaça de um inseto; e, como o inseto, possui também um ferrão, esse colchete de palavras aguçadas que a encerram, a coroam – e a fecham, armando-a (ela é armada por ser fechada)"[3]. A máxima pode apresentar várias formas. Em uma comparação, por exemplo: "O sábio procura a sabedoria, o tolo já a encontrou". Pode aparecer em perguntas e até em admoestações. Nesse sentido, o aforismo é ainda mais duro e luzidio, comportando uma modalização ainda mais funda, pois eivada de desafio e necessidade, como na frase de Wittgenstein: "Sentimos que, mesmo que todas as questões científicas possíveis tenham obtido resposta, nossos problemas de vida não terão sido sequer tocados. É certo que não restará, nesse caso, mais nenhuma questão: e a resposta é precisamente essa"[4].

---

[3] Roland Barthes, *Novos ensaios críticos* (São Paulo, Cultrix, 1974), p. 10-1.

[4] Ludwig Wittgenstein, *Tractatus Logico-philosophicus* (São Paulo, Edusp, 2001), 6.52.

O aforismo parece nos convidar a uma interioridade pela qual o pensamos de dentro, como se fora nosso e nele estivéssemos por inteiro. O aforismo está, assim, entre a sentença e o discurso, como se pudesse dispensar qualquer justificação e, todavia, se lançasse inteiramente a sua busca. O aforismo, então, pensamento compacto, é como uma ruína, que deixa adivinhar as partes roubadas pelo tempo. Uma premissa a sugerir uma conclusão ou uma conclusão que nos desafia a apresentar as premissas pertinentes. O aforismo, completo e incompleto, é, assim, desafio. Não apenas a quem com ele nos dirigimos, mas, sobretudo, a quem porventura o profere. Esse, o ponto a ser destacado.

Nossa campanha, parece, encerra-se toda na carapaça de um aforismo. Secretado pelo tempo, pela maturação coletiva, pela pressão de bons argumentos ou de aleivosias. Surgiu, explodiu, derramou-se neste salão, sintetizando uma fala que, acredito, mesmo tendo sido proferida por mim, ultrapassou qualquer campanha parcial e passa a desafiar a UFBA inteira: "Somente reacionários acreditam que excelência e requinte sejam prerrogativas das elites".

Esse aforismo nos retirou do tempo. Ressoou como ponto de partida ou como ponto de chegada. Pouco importa. Se o pronunciamos, porém, se o abraçamos, se chegamos aqui por estarmos preparados para o enunciar, não deixamos de estar implicados em sua enunciação, e seu sentido ecoará em nossa gestão, a cada dia, como um grande desafio. Com ele, a UFBA assim se afirmou. Entre o cristal e a fumaça, sendo tradicional, não é, não quer ser, não deve ser reacionária.

Como a lembrar suas propriedades mágicas, chegamos aqui lembrando à UFBA seus nomes mais secretos. Dissemos, Paulo Miguez e eu, em diversos momentos, contra todas as resistências, universidade pública, gratuita, de qualidade, popular, autônoma e socialmente referenciada. Paulo Miguez e eu, juntamente com todos de nossa campanha e – confiamos plenamente, neste momento de transmissão do cargo – com a UFBA inteira, todos nós somos desafiados, somos conclamados a aproximar, contra todos e mesmo nossos preconceitos, excelência acadêmica e compromisso social. Repetiremos sempre, em nossos conselhos, em nossos fóruns diversos, em nossos eventos, em nossas salas, os nomes secretos da UFBA, pois, em seu caso, como um sujeito, seu nome secreto é seu nome público. E seus mistérios mais íntimos estão espalhados por toda sua superfície.

Escolhemos, pois, pronunciar seu nome. Façamos juntos, então, nossa universidade, democraticamente, em construção coletiva, com pedras e sonhos, palavras e aforismos.

Viva a Universidade Federal da Bahia!

A AURA DA UNIVERSIDADE PÚBLICA*

1. Não estamos neste lugar pela primeira vez. Há quatro anos, afirmamos, Paulo Miguez e eu, ideias que se solicitam internamente, a saber, a excelência acadêmica e o compromisso social da universidade pública. Entretanto, ao reafirmarmos agora essa crença essencial, tudo parece diferente.

Primeiro, não podemos recomeçar com olhos inocentes. Fomos testados por experiência extraordinária, da qual, não obstante seu peso, saímos de cabeça erguida e com brilho nos olhos, honrados pela confiança renovada e pela unidade que se fez não em torno de nossos nomes, mas, sobretudo, em defesa da universidade pública, gratuita, inclusiva e de qualidade. Permitam que repita, para afastar o mau agouro, para enfatizar predicados essenciais e, logo, inegociáveis: universidade pública, gratuita, inclusiva e de qualidade. Em segundo lugar, recomeçamos agora em tempos outros, cujos sinais sombrios, é verdade, deixaram-se adivinhar há muito, mas cuja matéria se revela mais e mais cruel e surpreendente, sendo, por isso, tema central deste nosso discurso a quebra da aura da universidade pública, bem como ameaças a seu futuro.

Este discurso não é um balanço de gestão, uma prestação de contas. Há lugares apropriados para essa obrigação. Tampouco faz a apologia a feitos. É, sim, a um só tempo, elogio crítico e defesa intransigente da universidade. Elogio, portanto, não apologia. A apologia é filha dileta da polêmica; elogios, sim, buscam as justas medidas. Por isso, a apologia justifica e ataca; o elogio compreende e acolhe. A apologia já tem as respostas, enquanto o elogio não

---

* Discurso de posse do segundo mandato como reitor da UFBA, proferido em setembro de 2018. (N. E.)

deve inibir novas perguntas. A apologia esconde erros e inventa virtudes; o elogio questiona as próprias virtudes, sopesa, traz luzes, pois o elogio, quando diz bem e considera, alimenta mais dúvidas e solicita novos considerandos.

Seria melhor se este elogio tivesse a virtude da brevidade. Peço-lhes paciência. Talvez a duração se justifique, caso consigamos explicitar o sentido deste único e singelo enunciado: a Universidade Federal da Bahia sempre há de mostrar-se superior a vaticínios malfadados. Ela é a razão atemporal (primeira e última) de nosso labor. Ela é o motivo de nós todos, aqui e agora, estarmos juntos e presentes.

2. Nosso lema, *virtute spiritus*, exalta a força, o poder, a coragem do espírito. Deveríamos, então, sentir, como hálito, brisa amena ou brilho, o sopro do espírito, a banhar com uma aura, um halo, a vida da universidade pública, por seus méritos, natureza e missão, sendo ainda mais natural, na Bahia, a reverência à nossa UFBA. Como se fora, portanto, a emanação de uma sacralidade laica, a universidade pública contaria sempre com o aplauso, o respeito e a confiança da sociedade.

Fosse, porém, essa aura uma redoma de cristal, ela hoje pareceria trincada. Não nos referimos aqui exclusiva nem principalmente à UFBA. O fenômeno de perda da aura é mais amplo e grave, atingindo o sistema federal de ensino superior em sua condição de projeto de Estado e patrimônio da sociedade. A universidade pública vê-se ameaçada. Primeiro, por pesadas restrições orçamentárias a seu custeio e investimento, que nos obrigam a dificuldades diárias de manutenção, com atrasos e obras inacabadas, e nos levam a diminuir a extensão de ações necessárias, a descontinuar serviços, a refrear iniciativas, a postergar providências inadiáveis.

Tudo isso favorece, em segundo lugar, a exposição de nossas instituições a mídias sociais inóspitas ao pensamento e também ao ataque raso da grande imprensa, que, em editoriais agressivos e reportagens apressadas, costuma apresentar-nos como incompetentes e perdulários, como se devêssemos ser medidos por sucessos contábeis ou pelo emprego até dos recursos que não temos e mesmo como se fossem dispensáveis os serviços prestados à sociedade pelo sistema público de ensino superior, desconsiderando, por exemplo, o fato de que, em nosso país, o conhecimento científico é produzido quase em sua totalidade por esse sistema, o que distingue a quem formamos.

Desconsidera-se ser transparente a utilização dos recursos orçamentários discricionários – supervisionada pela comunidade universitária e por diversas formas de controle –, recursos inteiramente voltados à manutenção de nossas instituições. Apesar disso, a universidade é amiúde atingida pela ação imoderada de órgãos de controle e outros agentes externos que lhe desconhecem e desrespeitam a natureza própria. Não raro, tem ocorrido supressão abusiva do exercício de nossas prerrogativas (como a de conceder títulos acadêmicos), bem como atentados à liberdade de cátedra e a manifestações típicas do espaço acadêmico, que é o ambiente natural do pensamento crítico, com o perdão do pleonasmo.

E, quando menos esperamos (e até de onde não deveríamos esperar), somos surpreendidos pela manifestação de governantes (no caso, federais e estaduais) que chegam a sugerir (em demonstração de puro obscurantismo) ser a autonomia de nossas instituições um estorvo. Têm inclusive a desfaçatez de acusar os dirigentes universitários de maus gestores, transferindo-nos a responsabilidade por suas más escolhas passadas ou atuais e pelo descaso (por vezes, de décadas) com nossas instituições – instituições que, afinal de contas, em seu conjunto, constituem um dos maiores patrimônios da humanidade.

A universidade vê-se, ainda, ameaçada em sua sacralidade pela ação truculenta e direta de agentes do Estado, quando, sem razões plausíveis, visam a intimidar e a criminalizar dirigentes e demais membros da comunidade universitária no exercício regular de suas respectivas prerrogativas acadêmicas. Cumpre aqui homenagear, sobretudo, os amigos Jaime Ramirez e Sandra Goulart, então reitor e vice-reitora da UFMG, conduzidos coercitivamente, e o reitor Cancellier, da UFSC, cuja humilhação lhe foi, enfim, tão insuportável que, para preservar honra e identidade, preferiu entrar como um pássaro em um espelho. Em seu louvor, em face da democracia maculada, recordo a antiga definição de Robert Escarpit, tornada tristemente atual, de que democracia "é quando batem na sua porta às cinco da manhã e você supõe que é o leiteiro"[1].

3. Tomado em conjunto (conquanto díspares as manifestações), o ataque atinge a dimensão de sacralidade a que aludiu don Miguel de Unamuno,

---

[1] Citado em Manuel Castells, *Ruptura: a crise da democracia liberal* (Rio de Janeiro, Zahar, 2018), p. 11.

106 UNIVERSIDADE PÚBLICA E DEMOCRACIA

então reitor vitalício da Universidade de Salamanca, quando, na cerimônia inaugural de outubro de 1936, viu seu discurso ser interrompido pelos brados de um general, à frente de um bando de fascistas. Em uma versão do episódio, os brados foram de "Morte à inteligência!"; em outra, de "Morte aos intelectuais!".

> Este é o templo do intelecto – reagiu Unamuno –, e eu sou seu sumo sacerdote. Você está profanando seu recinto sagrado. [...] Você vencerá, mas não convencerá. Vencerá, porque tem força bruta de sobra, mas não convencerá, porque convencer significa persuadir. E, para persuadir, você necessita de algo que, nessa luta, lhe falta, razão e direito.*

Os fascistas espanhóis não estariam no nível próprio da universidade, qual seja, o nível do convencimento, para o qual precisamos estabelecer um espaço de argumentos. Sagrado nosso recinto, porque autônomo; e autônomo porque capaz de reflexão, de pautar suas decisões em razões e direitos. Talvez se esconda ainda na reação de Unamuno uma ideia simples, mas preciosa: a de que a inteligência, por maior que seja, é pouca coisa sem caráter. E o caráter de seres coletivos capazes de reflexão deve ser democrático, fundando-se a solenidade da instituição na energia originária de um espaço público democraticamente constituído e renovado, como o renovamos em nosso cotidiano acadêmico e também agora nesta cerimônia de recondução e posse.

Em qualquer modelo, o solo da universidade pública será sagrado apenas se mantidas suas prerrogativas e suas obrigações relativas à autonomia. Deve poder ela determinar-se a si mesma e, por essa razão (eis nossa tese central!), a universidade pública é heterogênea a outras instituições, é distinta de outras instituições, não sendo instituição de ensino como as instituições privadas nem desprovida de autonomia como eventualmente alguma outra repartição pública pode ser. Quando lhe recusam tal singularidade, não diferenciam seu processo de deliberação da administração de uma agência bancária, de um supermercado ou de uma secretaria de governo qualquer, pois, em conformidade com uma visão burocrática e estreita da administração, a universidade deveria subordinar-se a dois pressupostos:

> O de que toda dimensão da realidade social é equivalente a qualquer outra e por esse motivo é administrável de fato e de direito e o de que princípios adminis-

---

* Trecho pesquisado e traduzido pelo autor. (N. E.)

trativos são os mesmos em toda parte porque todas as manifestações sociais, sendo equivalentes, são regidas pelas mesmas regras.[2]

Todos esses ataques fundamentam-se, assim, em ameaça mais grave, a de não reconhecerem a universidade pública como uma forma de vida, como um lugar único de confrontação de gerações, espaço insubstituível de trocas simbólicas, de produção, crítica e interlocução entre as diversas áreas do saber e a sociedade, articulando-se a universidade segundo ordenamento próprio, o único capaz de lhe equilibrar dimensões divergentes, mas complementares, além de fazer colaborar a tarefa da gestão com a benfazeja manifestação múltipla de sua energia democrática. É mero corolário dessa ameaça pretender reduzi-la, no limite, à produção de diplomas ou à condição de instrumento para outra finalidade qualquer, como a de atender sem mediações aos interesses do mercado, de partidos ou do governo.

A sacralidade da vida universitária resulta de uma aposta generosa da sociedade em seu próprio futuro. Nesse sentido, reza a Constituição, no artigo 207: "As universidades gozam de autonomia didático-científica, administrativa e de gestão financeira e patrimonial e obedecerão ao princípio de indissociabilidade entre ensino, pesquisa e extensão". Ou seja, a conjugação de autonomia administrativa e autonomia científica tem seu princípio não em uma prerrogativa abstrata, mas sim na faculdade coletiva de os atores da comunidade universitária associarem como recíprocas e indissociáveis as tarefas de produzir conhecimento, de formar por esse conhecimento e de, por meio desse conhecimento, corresponder e servir aos interesses da sociedade. Apesar, porém, dessa garantia constitucional (de resto, mal compreendida), nós a vemos ameaçada e atacada, como se tão somente na teoria a universidade fosse um território necessário, livre e sagrado, enquanto na prática padece os influxos mais contingentes e arbitrários. Nominalmente livre e, todavia, posta a ferros, aprisionada por restrições cada vez maiores e a purgar pecados os mais ordinários.

Autonomia não significa estar ao abrigo de qualquer controle nem é uma forma de isolamento. Associada conceitualmente a autonomia à maturidade do esclarecimento e à capacidade pública de argumentação e de justificação, não deve ser compreendida como uma dádiva (que, aliás, nos poderia ser retirada), mas sim como uma obrigação, cujo cumprimento é imprescindível

---

[2] Marilena Chauí, *Escritos sobre a universidade* (São Paulo, Editora Unesp, 2001), p. 196.

para sermos quem somos e não nos vermos apartados de nossa identidade. Trincada, porém, a aura, não basta a defesa nominal da autonomia. Tampouco satisfaz a afirmação das normas formais de um debate racional, no qual prevaleça o mérito dos argumentos. A aura a ser recomposta solicita, primeiro, um exercício efetivo da autonomia e, de modo bastante radical, solicita, ainda, em segundo lugar, a bem mais difícil criação e reprodução das condições do mérito argumentativo, de modo que não forjemos, com a pretensa defesa da razão, um pacto silencioso com a mediocridade ilustrada ou (o que costuma ser a mesma coisa) com privilégios e privilegiados.

A noção autêntica de autonomia não é, portanto, nominal nem trivial. Não é nominal, pois a universidade é autônoma e separada por determinarem-se suas condições formais de deliberação e produção segundo princípios que fazem a palavra preceder outras formas de poder, assim como as demonstrações construídas pela comunidade científica precedem às opiniões ou como a construção coletiva da experiência estética precede à simples afirmação do gosto individual.

Tampouco é trivial, pois a universidade, como se fora capaz de suspender-se pelos cabelos, é ela própria a principal fonte de criação de condições efetivas e afetivas de solidariedade, de condições democráticas para uma comunicação desimpedida e ideal, uma vez que não pode se valer, sendo democrática, de verdades ou méritos presuntivos, mas deve, sim, superar obstáculos, refazer o curso dos rios e das demonstrações, oferecer condições, abrir caminhos, mover estrelas, de modo que o talento, o requinte e a excelência de nosso povo floresçam e prevaleçam.

4. A quebra da aura da universidade resulta, em grande parte, de fatores externos. A universidade não estaria ameaçada não estivessem igualmente ameaçadas a própria sociedade e a vida democrática em nosso país, obrigando-nos a refletir sobre o que pode alimentar uma cultura de ódio e mesmo pequenos ou grandes fascismos.

Temos um governo que parece renunciar a outro propósito que não seja hoje o da preservação do poder, sem projeto claro para a valorização da universidade pública, podendo mesmo sacrificar nosso futuro ou utilizar a atual situação de crise para propor modelos que nos neguem natureza, história e sentido. Temos um governo que despreza programas sociais e não teme renunciar à independência tecnológica, científica e intelectual do país, que sabemos vinculada à universidade pública. Como a fazer da necessidade virtude, transforma causas em razões e pode, assim, encontrar remissão para os danos hoje sofridos em um dano ainda maior.

Os fios dessa trama encontram-se em um projeto amplo e deveras destruidor. Prospera, então, nesse contexto inóspito e míope, uma espécie de realismo que simplesmente recusa a ideia de que devamos ter, espalhadas por todo país, instituições universitárias plenas, todas elas potencial ou efetivamente capazes de excelência e inclusão. Esse seria um paradigma a ser superado, à semelhança de como, no período do governo Fernando Henrique Cardoso, combatia-se o chamado "mito da universidade", o de ser ela uma instituição na qual, por definição, realizar-se-ia a indissociabilidade entre ensino, pesquisa e extensão – sem a qual, contudo, como vimos, não pode haver autonomia legítima.

O projeto é antigo, próprio de setores que parecem defender um desmonte deliberado, pois nunca alimentaram a ideia de um sistema de ensino superior público excelente, inclusivo e capaz de ofertar vagas em proporção equivalente para as diversas regiões do país. Sem meias palavras, o projeto foi assim enunciado em editorial da *Folha de S.Paulo*:

> No plano da educação de nível superior, há que abandonar o paradigma de vínculo necessário com pesquisa científica e de expansão indiscriminada do sistema. [...] Agora cumpre focalizar os parcos recursos em centros de excelência, tanto em instituições de ensino tecnológico quanto em universidades de pesquisa.[3]

Esse editorial faz eco a práticas e posições que, há décadas, orientam políticos e governantes, infelizmente, de um largo espectro político, supondo o ataque a uma questão de fato, relativa à situação orçamentária atual, e um ataque concomitante a uma questão de direito, relativa à fonte da autonomia universitária[4]. Tal projeto encontra expressão em muitos lugares. A Capes, por exemplo, já pondera ser hora de cessar a expansão da pós-graduação e mesmo de reduzi-la, devendo ser mais rigorosa para isso a cobrança de qualidade. Da mesma forma, imaginam-se supérfluas obras e, no mínimo, inconvenientes os encargos com a assistência, cuja redução, em palavras

---

[3] *Folha de S.Paulo*, 12 ago. 2018, p. A2.

[4] Esse projeto negativo pode ser absorvido por defensores da universidade, aflitos com a escassez de recursos que se abate sobre o sistema de pesquisa. Por isso, a SBPC e a ABC assinaram juntas um manifesto no qual aceitam, sob a rubrica aparentemente positiva da vocação, o que é, em verdade, uma restrição estratégica de horizontes.

mais duras desse mesmo editorial da *Folha*, poria cobro "à farra perdulária do financiamento estudantil".

Como há um projeto em curso, por atos ou omissões, aplicado de forma clara ou inadvertida, não é estranho que alguns de nós assimilem algumas de suas facetas, com boas ou más razões. Se a universidade se omitir perante o que lhe atinge solidariedade interna e condições de renovação dos laços indissolúveis entre ensino, pesquisa e extensão, ela estará negociando princípios e subordinando sua autonomia constitutiva, essencialmente pública, a interesses de governos, de partidos, do mercado ou mesmo a interesses privados, internos ou externos. Não podemos, assim, calar-nos diante da precarização das condições de trabalho nem da diminuição de suas funções públicas; não podemos deixar de resistir às restrições orçamentárias, aos cortes no fomento a pesquisa, ensino e extensão, não importando se partem da Capes, do CNPq, da Finep ou da Fapesb, vivendo, aliás, nossa fundação estadual um desastroso processo de limitação de horizontes, que pode significar uma renúncia a projetos de desenvolvimento globais e de longo prazo. As futuras gerações nos cobrarão o eventual silêncio.

5. As ameaças, porém, estão longe de ser apenas externas. Insidiosas, elas reforçam desertos que alimentamos em nós mesmos. O que não chega a ser uma surpresa. As lutas domésticas costumam ser "mais graves que as guerras civis"[5], e a universidade, como outros ambientes, pode estar eivada de competição, sobretudo em momentos de escassez. Somente uma lógica perversa pode imaginar que a competição pura e simples (que tem lá suas razões e sempre nos acompanhará) deva ser mais e mais estimulada, com a noção selvagem de que ela traria, em todos os casos, o melhor dos resultados, mesmo quando amiúde revela o pior das pessoas. A universidade também pode ser hostil ao pensamento, se nela a colaboração é sufocada, a repetição toma o lugar da criatividade e a reprodução de desigualdades toma a forma de discriminações silenciosas ou explícitas, que impedem a efetiva ampliação de direitos.

Com nosso elogio, portanto, não alimentamos uma imagem idílica. Sempre fará parte da vida universitária algum conflito – disputas de posições, acaso benfazejas, mas também disputa, pura e simples, por recursos, prestígio, poder. Nesse caso, as instâncias da universidade, em vez de servirem a debates de

---

[5] Pico della Mirandolla, *A dignidade do homem* (São Paulo, GRD, 1988), p. 14.

interesse mais amplo, tendem a burocratizar-se, da mesma forma que tendem a esvaziar-se as assembleias de nossas categorias, como se sua dinâmica fosse estranha à lógica da universidade. Também, em sua regularidade, a universidade não deixa de reproduzir desigualdades originadas fora de seu espaço, sendo ainda natural que, em muitas situações, apenas repita conhecimentos de forma acrítica. Com efeito, tendo servido por tanto tempo aos interesses das elites, precisa lembrar que a formação de novas elites é capaz de ter função ainda mais ampla e significado mais elevado, coincidindo melhor com os interesses de longa duração da sociedade.

Por outro lado, por dificuldades muitas que tenhamos, não há outra instituição pública que, como a universidade, signifique de forma essencial o exercício da criatividade, da redução de desigualdades, da ampliação de direitos e, logo, de resistência a totalitarismos dos mais diversos. Dessa forma, nunca é lugar de pura e simples competição, porque (queiramos ou não) a universidade é, sobretudo, por sua natureza incontornável, o lugar mesmo da colaboração acadêmica. Não é simples lugar do conflito, mas sim do exercício da argumentação e, logo, da atenção ao outro. Por existir e respirar, seu tecido último, não o aparente, só pode ser estranho e reagir a manifestações de barbárie.

Neste momento tão crucial de nossa vida pública, no qual presenciamos a efervescência de um discurso de ódio, temos a obrigação de ver também os espelhos e desatar nós internos. Confrontados com a ameaça da barbárie, não podemos, em pulsão reativa, deixar-nos medir por ela, como se estivéssemos nós mesmos sempre à espera dos bárbaros cuja existência nos redimiria e como se nos medíssemos por sua ameaça, estando o vazio instalado no negativo de nosso gesto.

> Por que hoje os dois cônsules e os pretores
> usam togas de púrpura, bordadas,
> e pulseiras com grandes ametistas
> e anéis com tais brilhantes e esmeraldas?
> Por que hoje empunham bastões tão preciosos,
> de ouro e prata finamente cravejados?
>
>> É que os bárbaros chegam hoje,
>> tais coisas os deslumbram.[6]

---

[6] Konstantinos Kaváfis, "À espera dos bárbaros", em *Poemas* (Rio de Janeiro, Nova Fronteira, 1982), p. 106-7.

Parece duro e injusto o julgamento. Afinal, seríamos o lugar do mérito, da civilização. Guardaríamos assim a palavra e o conceito, e, todavia, nem sempre é fácil afastar a ideia de que a retórica seja apenas a irmã educada da rudeza, pois retórica e rudeza parecem chegar ao mesmo lugar por outros meios, conquanto não sejam um mesmo.

> Por que não vêm os dignos oradores
> derramar o seu verso como sempre?

>> É que os bárbaros chegam hoje
>> e aborrecem arengas, eloquências.[7]

Comecemos, portanto, por nós mesmos, não fazendo da presença da barbárie uma solução. Não escapamos ao escopo da barbárie se nos medimos por ela, se nossa vontade se escraviza, se nosso horizonte nela se encerra. A retórica e a rudeza se parecem, afinal, quando se valem de um sentimento profundo de mágoa, um sentimento, uma dor, que localizam e vocalizam. Isolam, assim, o inimigo, constroem o mantra ou a mística e, então, é inapelável seu clamor e implacável sua fúria. Ambas ameaçam o tecido da universidade, porque, com força bruta ou mera ilusão, impedem a construção de condições democráticas de comunicação.

A perda da aura pode dar-se, assim, em um lusco-fusco semelhante ao que ocorre em momentos de crise hegemônica; semelhante, então, à de Peter Schlemihl, infortunada personagem que aceitou vender ao diabo sua sombra. Comentando Schlemihl, Thomas Mann destacou um traço inusitado do diabo que lhe roubara a sombra: ele teria enrubescido. Mais que isso, haveria um traço comum entre esses negociantes, vez que não seduziria um nem seria seduzido o outro, não fossem ambos da mesma matéria ou sequer se assemelhassem. "Estacamos ambos – relata Schlemihl – e, como me pareceu, ficamos vermelhos."[8] Negócios desse tipo sempre exemplificam alguma torpeza bilateral, como se nos ligasse um vocabulário comum, um repertório semelhante de desejos, ou fôssemos todos o resultado de uma contração ou uma ausência do divino, ao qual, segundo dizem, também nos assemelharíamos, talvez como sua sombra ou pela ausência dela.

---

[7] Idem.

[8] "Wir stutzten beide und wurden, wie mir deucht, rot." Adelbert von Chamisso, *Peter Schlemihl's wundersame Geschichte* (Munique, Swan, 1994), p. 24.

A AURA DA UNIVERSIDADE PÚBLICA   113

Devemos, contra as aparências, combater a cumplicidade secreta entre nossas ações e tudo que ameaça o essencial da universidade, combater tudo que possa se alimentar de nossa fragmentação, de um súbito espírito de consumidores, de nossos medos muitas vezes justos do outro, da preguiça em criar e renovar as condições de argumentação. Não poderemos recompor nossa aura sem um solo outro de legitimidade, sem evitar os argumentos fáceis de autoridade ou *ad hominem*, os recursos à força, enfim, os argumentos falaciosos que povoam de escândalo o que deveria ser nosso comum, nosso espaço público de argumentação e decisão. Caso contrário, a violência física não estará distante da sofisticação verbal, mostrando-se esta especiosa e propícia apenas a esconder a inexistência de condições autênticas de argumentação, sem as quais não se legitima o espaço sagrado da universidade.

6. Adiantemos nosso diagnóstico, caminhando agora para concluir. Um conjunto de ameaças atinge a aura da universidade, como se, enquanto projeto pleno, ela não mais interessasse às elites. As classes dominantes não mais parecem sentir a universidade pública como uma causa sua, estando especialmente insatisfeitas com a expansão do sistema e a mudança de composição de nossa comunidade. Vivemos, por causa disso, a imposição de um elenco de tragédias sucessivas. Por outro lado, traços de nosso ambiente interno mostram-se igualmente responsáveis por nos comprometer a aura, quando somos levados a ter vontades que não são as nossas e a viver medos dos quais, em sã consciência, nos envergonharíamos. Podemos, então, ou assistir estupefatos à cumplicidade entre ameaças externas e internas, quando acenos de privatização do ensino e de redução do projeto de universidade são facilitados pela burocratização de nossas instâncias e o esvaziamento de nosso sentido; ou, ao contrário, podemos reagir – como, aliás, já temos feito. Nosso caminho é claro, e, ouso dizer, todos o temos trilhado com sucesso. Ele consiste na afirmação e na defesa do projeto essencial de nossa universidade, com toda a sua incompletude e todo o seu inacabamento, com toda a sua força e a sua delicadeza.

Sim, a Universidade Federal da Bahia tem projeto. E esse projeto é o de uma universidade plena. Não nos basta, é claro, viver a lembrança de um pacto originário. Ao contrário, nós o reencenamos e atualizamos a cada dia. Não nos paralisa, portanto, algum contrato primeiro, ante o qual nos veríamos redimidos ou pelo qual nos veríamos justificados, independentemente do que

114 UNIVERSIDADE PÚBLICA E DEMOCRACIA

venha a acontecer. Ao contrário, nós o reescrevemos a todo tempo, mas o fazemos coletivamente, como dita nossa essência, não a partir de um gabinete ou com algum olhar olímpico que forçaria soluções contra a própria instituição. Estamos, assim, condenados, obrigados à permanente renovação dos votos, ao trabalho persistente por unir o que vontades e contingências desejam separar e, com isso, estamos destinados não a negar nossas origens, mas sim a aprofundar suas virtudes e a superar quaisquer vícios.

Sob essa perspectiva, o projeto originário, sempre aberto e essencialmente inacabado, comporta uma dimensão atual e ainda inovadora. Com efeito, a UFBA tem múltipla vocação e contempla, desde o começo, todas as áreas do saber. Nela, a pesquisa não é um compromisso artificial, medido por índices externos de produtividade, mas sim uma dimensão constitutiva, que sempre a caracterizou. Não por acaso, também, começando a UFBA na medicina, foi logo vanguarda nas artes, sendo inteira sua presença no tecido de nosso estado, formando profissionais, professores e pesquisadores. Também sempre esteve marcada por fortes gestos de internacionalização, pois, já ao início, além de mobilizar as melhores energias de nossa terra, conclamou nomes destacados de pesquisadores estrangeiros para fortalecer ou mesmo constituir unidades acadêmicas, como agora, por sinal, lançamos edital inovador para professores visitantes.

A UFBA tampouco deixou de contemplar com especial atenção a assistência estudantil, sempre tendo contado com residências estudantis e restaurante universitário. Da mesma forma, conferia e confere especial atenção à educação básica, com extensa rede de licenciaturas. A UFBA, ademais, sempre esteve no rol das universidades com hospital universitário, contando, além disso, com uma cinquentenária e hoje muito expressiva rede de pós-graduação, em todas as áreas. Destaca-se, enfim, por fortes gestos extensionistas e agora por uma decidida política de ações afirmativas, com muitos passos ainda a ser dados.

Nosso projeto é, pois, generoso e amplo, requintado e comprometido socialmente, significando nossa UFBA um patrimônio inegociável da sociedade, que se tece em pleno espírito universitário, inclusive por sua capacidade de mobilização e crítica. Nosso projeto nunca será o de uma repartição pública qualquer, que possa eventualmente ser extinta, ter suas funções redistribuídas ou, enfim, que não tenha autonomia por meio da qual justifique seu direito mesmo à existência.

Ora, um projeto dessa magnitude implica compromisso do Estado. Traduzindo em termos práticos, a reprodução dessa vitalidade e dessa força também depende de um orçamento que seja suficiente para o retorno de qualidade que a universidade proporciona e para os resultados que ela possibilita, decisivos que são para o desenvolvimento estratégico da sociedade. Uma universidade assim não é um projeto de ocasião, um projeto a que sociedades democráticas possam renunciar em favor de qualquer outro expediente de formação e ensino.

E nosso projeto tem se afirmado mesmo em meio a intempéries. O percentual de recursos disponíveis no orçamento para despesas discricionárias, aquelas relativas ao custeio e ao investimento, tem diminuído em anos recentes. Não paramos, todavia, nem baixamos a cabeça. Reforçamos nossa unidade e abrimos nossos salões e nossos auditórios aos movimentos sociais, ao debate, à manifestação refletida e decidida de nossa comunidade. Tivemos ocupações da reitoria sem jamais perder o diálogo. Greves sem duvidar jamais que a mobilização de nossas categorias faz avançar e defende a causa da universidade. Não alimentamos conflitos internos, tampouco refreamos a disposição para lutar e resistir.

De maneira objetiva, são muitos e muito bons os indicadores de sucesso. Não os vou detalhar. Não entrarei em números que mostram o crescimento e o significativo sucesso da UFBA nesse período, o aumento das vagas na graduação e na pós-graduação, a obtenção de conceitos melhores para o conjunto da graduação e da pós-graduação nas avaliações da Capes ou do Inep/MEC, a continuidade de obras e reformas, as novas iniciativas, o número de atendimentos, a assistência, o aprofundamento de ações afirmativas, novos editais, congressos, eventos, Fórum Social Mundial, implantação da ouvidoria e tantas outras ações.

A lista, acreditem, é bastante extensa; mas este não é o lugar. Precisamos destacar, sim, que, nos tempos mais difíceis, conseguimos prosseguir oferecendo e fazendo ensino, pesquisa e extensão de qualidade. E, sobretudo, demos um exemplo significativo de unidade em nossa comunidade e grande resistência e luta contra o desmonte da universidade e das conquistas da sociedade brasileira. E estivemos unidos, trabalhamos juntos, como bem o exemplifica a construção coletiva de nosso Plano de Desenvolvimento Institucional, pelo qual, democrática e profundamente, traçamos um horizonte para a afirmação e o crescimento de nossa universidade.

116 UNIVERSIDADE PÚBLICA E DEMOCRACIA

7. A barbárie é sorrateira. A violência é apenas sua face mais explícita e talvez mais infrequente. Ela se aninha, muitas vezes, onde menos suspeitaríamos e ilude, assim, quem a imagina infensa à vida universitária, marcada que seria esta por uma cultura da sutileza. A aparente polidez das pessoas e a suposta impessoalidade de nossos regramentos fariam supor um solo propício apenas à tolerância, ao respeito e ao acolhimento, sendo principalmente nossas as prerrogativas elegantes da civilização. Tal ilusão tem suas razões – boas algumas –, mas faz também recordar um duro comentário de Eder Sader no prefácio a seu livro de ensaios sobre a militarização do Estado na América Latina, tentando entender e traduzir "um sentimento de espanto ante a barbárie":

> Lembro-me de quando cheguei ao Chile, ao findar o ano de 1970, civilizados membros da burguesia local referirem-se com indignação ao terrorismo militar no Brasil. Lembro-me como, apenas três anos depois, essas mesmas pessoas espumavam de ódio e atiçavam execuções sumárias de seus vizinhos. Que mecanismos profundos atuam assim tão fortemente em nossas sociedades? Qual a lógica de tanto absurdo?[9]

Mesmo em ambiente acadêmico, não estamos imunes a riscos, e, na sociedade contemporânea, o deserto cresce. "Deserto", em nosso caso, seria o esvaziamento do sentido, a retirada de um solo comum, no qual possam ocorrer diferenças e se encontrarem interesses desiguais, porque não condenados à simples anulação recíproca. Onde não há deserto, podemos investir em formas seguras e confiar ao tempo a possibilidade do gesto inesperado. Onde não é deserto, podem prosperar ideias, podem elas respirar além da pessoa, no tempo próprio da instituição. O traço saliente do deserto é, pois, a anulação do outro. Por isso também esvaziamento, pois não temos sentido sem o outro, não somos iguais a nós mesmos sem o reconhecimento (potencial que seja) da diferença. O deserto não é lugar para o comum, mas apenas para o um, o único, o controle, o poder. É a ausência de diálogo, e carregamos e guardamos desertos quando incapazes de diálogo, de renovação das condições de um espaço comum, ou seja, um espaço tanto diverso quanto público.

Cumpre reafirmar, então, nossa crença de que a universidade, com seu papel indutor de condições para uma comunicação desimpedida, precisa e vai resistir a manifestações diversas de obscurantismo. Se, em nosso meio, encontramos

---

[9] Eder Sader, *Um rumor de botas: a militarização do Estado na América Latina* (São Paulo, Polis, 1982), p. 9.

manifestações de autoritarismo, de discriminação, elas devem ser institucionalmente combatidas, sendo garantida a igualdade de direitos de quantos argumentem. Se há dificuldades para o desenvolvimento das pesquisas, para o domínio do arsenal sofisticado necessário à produção do conhecimento, precisamos prover condições que favoreçam a igualdade potencial de compreensão.

Caso nos defrontemos com diferenças significativas, devemos compreender que posições não podem ser reduzidas, diferenças epistemológicas não podem ser supressas, sendo fundamental o reconhecimento da alteridade potencial ou efetiva em nosso tecido universitário. Enfim, é preciso valorizar os espaços de debate em nossas instâncias decisórias, mas também as mobilizações distintas de nossas categorias, fazendo prevalecer o espaço público democrático, qual seja, um espaço em que a paciência dos conceitos prevaleça contra a rudeza e a retórica, em que a crença comum na eficácia da linguagem reforce os laços sem apagar diferenças. Afinal, a universidade faz conjugar perspectivas que colaboram e competem sem que se anulem, cabendo-nos não simplesmente negar a história e o legado da instituição, quando nos cabe, sim, transformar radicalmente a universidade.

Esse gesto é fundamental para a recuperação da aura, que, reiterando nosso ponto, precisa dar-se agora por um pacto com as forças mais ricas da criatividade e com a fonte mesma do sentido de uma instituição universitária. Também é fundamental que nós, defensores que somos da ampliação de direitos, compreendamos a importância da excelência acadêmica, que nos faz uma universidade pública e não meramente uma instituição de ensino superior. Somos, assim, os principais interessados em defender virtudes acadêmicas. A diferença (ideológica, mesmo) é que reacionários pensam ser o mérito um direito de classe, de raça ou de gênero, reduzindo a universidade a lugar de preservação de privilégios. Para nós, ao contrário, o verdadeiro mérito prepondera, mas não como um dado absoluto e anterior à própria universidade. A qualidade deve ser construída a cada dia, ao criarmos as melhores condições para a pesquisa científica e o ensino superior, mas também condições múltiplas para uma inclusão efetiva, aprofundando ações afirmativas, combatendo resquícios de discriminação institucionalizada e superando, enfim, as desigualdades pelo brilho mais forte e intenso de nossa gente.

A tarefa de produção dessas condições é imensa e passa por acessibilidade, acolhimento, inclusão, combate às discriminações, Ouvidoria, Psiu (Programa de saúde mental e bem-estar), muita luta e mais luta ainda, em um momento que por tudo agrava o sofrimento no seio de nossa comunidade. Passa também, e essencialmente, por melhores condições de trabalho para servidores docentes e técnicos. Passa inclusive por condições de trabalho dignas para nossos terceirizados, pois não nos podemos imaginar condenados ao conflito, à insalubridade, ao adoecimento.

Temos, sim, muitos desafios para a construção de um espaço público capaz de proteger a aura da universidade, como acreditamos fazer. Se temos o orgulho, bastante justificado, de hoje celebrar a capacidade de a instituição escolher seus dirigentes, temos muito caminho para superar um déficit histórico de representatividade na universidade da composição efetiva de nosso povo, de sorte que, com força e o melhor da nossa imaginação, é imperativo prosseguir e inovar com nossa política de ações afirmativas.

Outras tarefas são conhecidas e relevantes – de rever nossos marcos regulatórios a concluir obras, dar manutenção adequada a suas instalações (salas de aula, gabinetes, laboratórios) e prover, assim, cada unidade das melhores condições possíveis para o trabalho acadêmico. Dia a dia, podemos vencer a batalha interna, escolhendo a medida da colaboração e lembrando que temos deveres como cidadãos antes de termos direitos como consumidores. Também venceremos a batalha externa, resistindo a ameaças e ataques e jamais aceitando projetos que pretendam amesquinhar nossa história e nosso destino como uma universidade plena.

Temos o sentimento de que a universidade, de todas as instituições logradas pela humanidade, seria o lugar mais radicalmente infenso ao fascismo. Afinal, o fascismo que destrói o espaço público e chama pela morte da inteligência não teme a violência, mas sim a sensibilidade. Opõe-se ao fascismo não exatamente a força, mas sim a mais firme delicadeza. O fascismo não teme gestos violentos, mas sim a inteligência. Desautoriza o outro, diz que há causas que só podem ser suas, que só ele pode representar. Com isso, não elimina o argumento, mas sim as condições de argumentação. Por isso, prefere destruir as universidades, colocando em seu lugar simulacros, que podem ser eficientes, informativos, mas não formadores e livres. Se a universidade já foi lugar da exclusão, deve recompor seu tecido e sua força como lugar de acolhimento, mantendo-se no essencial ao transformar-se radicalmente.

Vamos, enfim, mobilizar toda a nossa energia para que o espaço da universidade seja de vitórias, não de sofrimento; de segurança, não de violência;

A AURA DA UNIVERSIDADE PÚBLICA **119**

de acolhimento, nunca de assédio. Esse déficit é histórico, sendo certamente muito mais grave que qualquer déficit orçamentário. Para combater esses dois distintos déficits, enfrentaremos as mesmas forças que desejam desobrigar o Estado do financiamento do ensino superior público e, tendo em conta o horizonte de expansão e de inclusão, lutaremos contra as mesmas forças hostis à cultura de nosso povo e à riqueza de nossa gente.

8. Somos um corpo tecido segundo critérios distintos, feitos de pedaços que não se colam, de extensões que não se recobrem. Entretanto, meio por arte, luta e encanto, podem se unir naquele mesmo lugar improvável em que realidade e utopia se tocam, em nosso dia a dia, de miudezas e maravilhas. Com toda leitura severa das ameaças, com todo rigor da razão, nossa vontade livre não pode esmorecer. É preciso agora deixar qualquer pessimismo para tempos melhores. Onde alguns só conseguem ver espaços abandonados, vejamos obras a ser retomadas. Onde veem problemas, vejamos juntos soluções. Onde veem fracassos, vejamos motivos para retomar o trabalho. Onde veem dificuldades, vejamos juntos desafios, pois toda nossa energia deve estar ancorada na realidade e também na utopia.

Esta fala já demora em demasia. Desculpem. Creio, porém, ter demonstrado nosso enunciado singelo: a Universidade Federal da Bahia sempre há de mostrar-se superior a vaticínios malfadados. Para isso, deve ser até a negação de si mesma – não para destruir-se, mas para transformar-se, de modo que a possamos ver saída de si mesma, liberta de seus entraves, de seus preconceitos, da camada de necessidade que a impede de dialogar com nosso tempo e nossa gente.

Querem nos roubar o sopro, o brilho, a aura. Ela parecia trincada. Mas, não, ela se recompõe a cada instante. Olhem à volta. Sintam! Talvez não percebamos logo, mas, se olharmos com atenção, nós que amamos a UFBA perceberemos com muita clareza um brilho, uma natural iridescência à nossa volta.

Vejam! Estas paredes ainda guardam a energia do seminário "Crise e democracia", seminário de múltiplas vozes que aqui realizamos às vésperas do golpe de 2016.

Algumas cerimônias de formatura afetam nosso bom gosto e provocam um sentimento de estranheza quando as vemos exploradas por empresas de eventos. Apesar disso, elas trazem para este recinto sagrado as muitas lições, o trabalho de campo, a pesquisa, o esforço (sacrifício mesmo) de cada estudante – e o que, ao fim, estas paredes retêm é o sorriso de nossos estudantes e também o orgulho de seus familiares, muitos deles entrando pela primeira vez em uma universidade.

Imanta-se este salão da sabedoria das comunidades tradicionais e de grandes conferencistas nacionais e internacionais. Ele guarda a mística dos movimentos sociais e o brilho de medalhas de ouro, prata e bronze em olimpíadas de química, física, matemática e biologia e outros tantos agraciados com títulos e comendas. Reverbera o trabalho e o som de nossa orquestra, que está no centro da UFBA, assim como descansa em seu centro cada aula, cada espetáculo, cada pesquisa, cada laboratório, cada membro de nossa comunidade. Guarda, pois, uma UFBA que está dentro e fora de si – em ordem, sim, mas perplexa, resoluta e siderada.

Guarda-se aqui a energia das assembleias, das ocupações, dos atos, dos eventos, a energia dos congressos da UFBA, de cada livro lançado, do Fórum Social Mundial, pois todo gesto oriundo de nossa energia acadêmica vai nos tecendo nova e cada manhã, vai recompondo o brilho e a aura, em um tecido coletivo, feito de requinte e povo.

A qualquer ameaça, refazemos o tecido, recompomos mais uma vez nossa aura, que, sagrada e laica, terrena e divina, mostra-se semelhante a uma esfera infinita, estando em cada um de nós, em todo canto, estando em toda parte seu centro, e a circunferência em nenhuma. Por mais que nos atinjam a aura, maior ainda será nosso esforço de unidade e luta.

Com os olhos nítidos em um cenário tão difícil, podemos duvidar de nossas forças. Mas, não, não devemos temer. Quem tem a universidade pública no coração tudo pode. Nós, que temos a UFBA no coração, nós venceremos.

UFBA: SEMPRE VIVA E PRESENTE!*

1. A Universidade Federal da Bahia é um patrimônio e um orgulho do povo baiano. Instituição plena desde sua fundação, em 1946, tem formado gerações e gerações de profissionais nas diversas áreas, os quais muito serviram e servem a nosso país. Pesquisadores, gestores, cientistas, profissionais liberais, educadores e artistas tiveram na UFBA a formação mais específica e a cultura universitária mais ampla, sendo nela especialmente rico o diálogo entre as áreas do conhecimento e a circulação de ideias e práticas envolvendo ciências, cultura e artes.

Na Bahia, portanto, em qualquer campo, quando desejamos uma formação de qualidade, a UFBA é logo lembrada. Ela guarda, afinal, a memória dos milhares de profissionais que já formou – mais de 110 mil graduados, 15 mil mestres e 4 mil doutores – e a esperança dos que nela ainda hão de se formar e crescer. Assim, rica de história e prenhe de futuro, alimenta-se das pesquisas atuais e das que ainda serão feitas, guarda conhecimentos e produz saberes inéditos, com criatividade e rigor científico. Como uma sempre-viva, malgrado qualquer aridez, é intensa sua cor, seu brilho, sendo lugar de encontro da inteira sociedade, com forte presença em todo nosso tecido social, sempre a acolher saberes e olhares, como uma instituição pública, gratuita, inclusiva e de qualidade.

Neste momento, porém, nossa instituição é atingida exatamente por suas virtudes, ao lado agora das demais universidades federais. A natureza pública de nossa universidade vê-se ameaçada, por exemplo, quando desejam substituir a

---

* Mensagem do reitor dirigida à comunidade da UFBA em 3 de junho de 2019. (N. E.)

medida mais larga do interesse comum, que lhe é essencial e envolve múltiplas dimensões e ritmos, por interesses unilaterais e mais imediatos, interesses que ela, certamente, não deixa de contemplar, sem, contudo, a eles se reduzir. À plenitude de diálogo entre as áreas e ao exercício autônomo característico do pensamento crítico, mensagens e atos governamentais têm posto sob suspeição, por exemplo, a área de humanas e, com semelhante gravidade, procuram cercear a livre expressão acadêmica e até mesmo manifestações estudantis.

A garantia constitucional da gratuidade também é posta em questão, quando parecem pretender renunciar ao que, em verdade, deve ser um compromisso do Estado com o financiamento do ensino superior – financiamento que, aliás, as universidades já complementam com a captação de rendas próprias, seja pelo desenvolvimento de projetos de pesquisa, seja pela prestação de serviços.

Além disso, na média nacional, 70% dos nossos estudantes têm renda familiar *per capita* de apenas até um salário mínimo e meio. Desse modo, o esforço por uma autêntica inclusão deveria ser mais constante e mesmo crescente; entretanto, não contam ainda nossas instituições com o investimento necessário em acessibilidade ou com recursos suficientes para uma cobertura adequada da assistência estudantil.

E o mais grave consiste, agora, no fato de as universidades e os institutos federais terem bloqueados ou contingenciados recursos previstos na lei orçamentária e de todo necessários a seu funcionamento regular. Tal como se apresenta, o cenário, só imaginado, já nos causa horror, não sendo aceitável ou lícito algo que é deveras inconcebível, a saber, que não estejam garantidas a realização de atividades acadêmicas e a manutenção de laboratórios, salas de aula e equipamentos diversos nem sejam honrados os contratos firmados em função de lei orçamentária aprovada pelo Congresso.

2. Nos últimos anos, ampliou-se bastante a defasagem no orçamento das universidades federais. Basta atentar ao fato de que, em 2014, empenhou-se em outras despesas correntes (água, luz, limpeza, vigilância, material de consumo, reformas e manutenção de prédios etc.), no conjunto do sistema federal, composto por 63 universidades, um total de 10,3 bilhões de reais, enquanto em 2018, apesar da ampliação de vagas e do crescimento das universidades, foram empenhados menos de 8,6 bilhões de reais para o pagamento dessas mesmas despesas. Houve, portanto, uma diminuição de 1,7 bilhão de reais, de modo

que não houve manutenção sequer do valor nominal dos montantes relativos a despesas discricionárias, não se dando conta da expansão do sistema de ensino superior nem fazendo frente aos reajustes inflacionários. Essa defasagem (drástica, sobretudo, em recursos de investimento, que foram reduzidos a 33% do praticado em 2014 – de 2,4 bilhões de reais a 800 milhões de reais em 2018) já nos tem imposto pesadas restrições e tem exigido um esforço permanente dos dirigentes para a adequação dos respectivos orçamentos.

Agora, porém, além da defasagem já existente, parte substantiva de nosso orçamento discricionário está contingenciada ou bloqueada. No caso da UFBA, foi liberado para empenho o montante de 40,1% do orçamento aprovado na Lei Orçamentária Anual (LOA). Estão contingenciados (ou seja, o crédito está disponível, mas o limite para o empenho de faturas não foi liberado) cerca de 48,2 milhões de reais em custeio e 3,9 milhões de reais em investimento. E estão bloqueados (ou seja, o próprio crédito está indisponível) cerca de 48,4 milhões de reais em custeio e 5,8 milhões de reais em investimento. Por razões óbvias, assim na UFBA como no conjunto das universidades e dos institutos federais, a manutenção desse bloqueio pode levar à interrupção das atividades regulares de ensino, pesquisa e extensão.

Além disso, efeitos perversos do bloqueio já se fazem sentir, inclusive por seu vício inicial de motivação, seu anúncio seletivo, ameaçador e desastrado, mas também porque, aplicado em seguida aos contingenciamentos anteriores e face a tamanha defasagem orçamentária, a expectativa de sua manutenção pode levar a íntegra do sistema federal de ensino superior a uma situação caótica. Fornecedores já temem a interrupção de contratos continuados de prestação de serviços e, por esse receio, dificultam a gestão dos contratos, o que nos tem levado a um permanente esforço por respeitar e garantir as obrigações contratuais vigentes. Ao mesmo tempo, restrições orçamentárias efetivas obrigam-nos a diminuir o fôlego de projetos, o apoio a eventos científicos e a ações acadêmicas extraordinárias, bem como a reduzir os múltiplos intercâmbios próprios da vida universitária.

3. Enquanto não for revertido o bloqueio (hipótese que não podemos admitir, mas que também não podemos ignorar), a regularidade de nosso funcionamento pleno precisa ser repensada de modo emergencial. Certamente, não deixaremos de dialogar com o governo, sendo nossa obrigação supor e evocar

um interesse elevado e comum entre servidores públicos, de sorte que, por todos os meios, jamais deixaremos de apresentar dados e argumentos, como convém a quem deve manter e honrar a responsabilidade e a conduta próprias dos cargos ocupados.

Todavia, ao tempo que envidamos todos os esforços de gestão e recorremos ao apoio da sociedade para expressar com firmeza nossas demandas, a UFBA precisará, mais que nunca, estar preparada para enfrentar uma dura travessia. É fundamental, então, nossa unidade tanto para a aplicação de medidas imediatas de contenção de despesas (que envolvem, por exemplo, a economia de energia elétrica, desligando a iluminação externa dos nossos *campi* após as onze horas da noite ou preferindo a realização de eventos em auditórios climatizados nos horários com tarifa de energia menos elevada) quanto para a redefinição e o redimensionamento de nossos grandes contratos.

Para estarmos unidos, precisamos entender cada medida. Assim, em primeiro lugar, a equipe da administração central irá a cada unidade, dialogando com as congregações e os diversos setores, de modo que os ajustes devidos sejam feitos, esclarecidos e efetivamente praticados. Em segundo lugar, cabe-nos garantir que toda medida será tomada procurando preservar o essencial de nossa qualidade, ou seja, o exercício de pesquisa, ensino e extensão, tal como exigem universidades de qualidade. E, com efeito, se alguma medida porventura comprometer inadvertidamente o essencial de nosso trabalho, estaremos juntos para encontrar a melhor solução e logo corrigir algum eventual equívoco. Iremos, portanto – cabe repetir –, a todas as unidades, veremos cada caso, acolheremos sugestões, enfrentando juntos esse grande desafio.

Se os tempos se mostram ainda mais difíceis, maior é nosso dever e bem mais imperativa é nossa obrigação perante a Universidade Federal da Bahia. Quem tem a universidade pública no coração e, por isso, a pode entender; quem entende a universidade, em suas virtudes e dificuldades, e por isso a ama – esses sabem que venceremos. Vamos manter, certamente, o essencial, ou seja, nossa excelência acadêmica e nosso compromisso social. Mesmo na adversidade, procuraremos fazer mais e melhor e jamais comprometeremos a natureza pública, gratuita, inclusiva e de qualidade de nossa instituição nem sacrificaremos nossa diversidade, as ações afirmativas, a autonomia e a liberdade de expressão, que, ao fim e ao cabo, nos distinguem e definem.

4. O deserto cresce, mas não há de crescer dentro de nós. Nenhuma tempestade há de abalar os fundamentos profundos de nossa universidade. Afinal, nossa força advém de nosso povo; e nosso tempo não é um agora obscurantista, não é o imediato de algum interesse privado nem se define pelo poder eventual de uma opinião qualquer. Nosso tempo e nossa medida são de outra natureza, pois fazemos parte de um investimento perene da civilização, de modo que nossa razão de ser resulta do conhecimento, não da violência ou da ignorância.

As manifestações que temos recebido de todos os setores da sociedade o confirmam e nos enchem de confiança. A causa da educação desconhece diferenças partidárias e ora se fortalece na sociedade, nos meios de comunicação e nas ruas. Dessa maneira, têm reagido com firmeza parlamentares, intelectuais, representantes da sociedade civil e, especialmente, toda a comunidade universitária mobilizada em defesa da educação.

Ninguém irá separar a UFBA da Bahia. Flor sempre-viva, paixão sempre presente, a UFBA que acolhe será acolhida. A UFBA que forma será defendida. A UFBA que produz conhecimento contará com a palavra, os argumentos e as ações de quantos respeitam a educação pública. A UFBA é, afinal, nosso encanto, nosso destino. Mostraremos, então, ainda melhor o muito que já fazemos – e faremos ainda mais para mostrar quem somos. Resistiremos em sala de aula e nos laboratórios; em cada defesa de TCC, de mestrado, de doutorado. Em cada artigo publicado, em cada passo, em cada conquista, em cada formatura. Estaremos assim de cabeça erguida em nossos espaços, a lembrar a todos que a educação pública de qualidade é inegociável.

PARTE III

SOBRE O PROGRAMA FUTURE-SE

O FUTURO DA UNIVERSIDADE

Para Georgina Gonçalves,
minha amiga Gina,
reitora da UFRB

1. A universidade tem sido alvo de múltiplos ataques e incompreensões, como se não mais fosse um projeto da sociedade e tivesse se tornado um problema. De desejo cívico, passou a estorvo público. E, pior, a solução dos embaraços que julgam diagnosticar não estaria na própria universidade nem em seus atores, como se nosso espírito democrático e crítico fosse uma prova a mais de nossa inanição. Com isso, sonhos urdidos em décadas são agora apresentados como pesadelos, cuja saída estaria antes no mercado ou na indústria.

Nesse cenário, o professor/pesquisador aparece como figura trôpega e inadequada, vista ora como miserável, ora como excessivamente remunerada, de sorte que deveria transmutar-se, de personagem crítico e engajado, em indivíduo empreendedor e negociante para merecer, enfim, as riquezas todas da terra. Ao mesmo tempo, seus gestores públicos, talvez por pecados atávicos, são convidados a permanecer em cena, mas apenas como fantasmas ou encostos, que alguma reza ou exorcismo, cedo ou tarde, afastaria. Do ócio produtivo ao negócio. Será esse o deslocamento proposto?

As elites sempre têm pressa. Elas não confiam, por princípio, em instituições e temem até que estas possam reinventar-se. É cedo, porém – cabe-nos insistir. A universidade mal cumpriu seu arco; não esgotou sequer suas promessas de expansão e inclusão; tampouco estendeu sua excelência por todos os rincões ou pôde beneficiar-se da imensa riqueza cultural que se dispõe fora dela. Em suma, a universidade está em processo de fazer-se e de responder a demandas oriundas de seu próprio tecido, que são mesmo de nosso povo, em desenvolvimento científico, tecnológico e social.

Primeiro, contra sua natureza mais utópica, mesmo em governos opostos, temos sido submetidos a crescente defasagem orçamentária, agora expressa em enorme bloqueio de recursos. Por mais distintos que o sejam, comprometidos com valores acadêmicos ou infensos a eles, por austeridade ou direta agressão, governantes não têm apostado em educação e ciência como saída em tempos de crise.

Segundo, projetos de matriz diversa são reticentes à ideia de universidades plenas, nas quais medidas elevadas se mostram em todas as áreas do saber e em todos os cantos do país. Por pragmatismo, talvez, aceitam um desenvolvimento desigual do sistema de ensino superior, de modo que a desigualdade regional, de fato histórico a ser corrigido, passa a doença incurável. Com isso, favorecem o modelo mais flexível das particulares, sem laço essencial entre ensino, pesquisa e extensão. Para os eleitos, o pacote completo: a glória acadêmica e, dizem agora, o enriquecimento pessoal. Para os derrotados, que se lhes distribua ração mais insípida e talvez inodora.

2. A vida universitária incomoda. Não por acaso, o ataque constante, a quebra de uma aura antes sagrada, inclusive talvez por já se deixar entrever em nosso horizonte uma aura bem mais autêntica, tecida em excelência e diversidade, em requinte e inclusão; afinal, sua essência depende da realização das melhores promessas de refinamento acadêmico e inclusão, com ampliação de direitos e diversidade, uma vez que somos feitos da concretude de nossa gente e de nossa história, não centros montados em vales do silício.

O ataque pode assumir a forma da intolerância ou a da técnica mais fria, sendo que a inteligência pode servir melhor à destruição que a mera brutalidade. A eficiência financeira desponta, então, como mantra, como se a instituição pudesse determinar-se tão só pelos interesses mais imediatos, encontrando no imperativo da sobrevivência uma justificativa para afastar interesses mais amplos e de longo prazo.

Uma eficiência dessa ordem tem a pobreza de definir-se por seus resultados e por seus preconceitos. A precedência da técnica sobre a cultura, da pesquisa aplicada sobre a pesquisa básica, da atmosfera de resultados na área de saúde ou nas exatas sobre a vagueza crítica da área de humanas são escolhas artificiais que, não sendo necessárias, antes dividem o que deveriam aproximar. As áreas diversas têm todas direito a vida e excelência, de sorte que universidades, com pesquisa de ponta e inovação, também podem ter em seu centro uma orquestra ou corpos que dançam.

O retrocesso atual conflita ademais com as demandas de instituições que procuram traduzir de modo mais apropriado nossa diversidade de cultura, gênero e raça e, assim, se mobilizam e trabalham para a produção do mérito, não para a simples reiteração de privilégios. Investimento nada abstrato, pois se volta tanto a infraestrutura, manutenção de salas, laboratórios, espaços sofisticados quanto a atividades acadêmicas próprias, mas à condição de serem definidas pelo juízo autônomo de como devem conformar-se pesquisa, ensino e extensão – um juízo próprio sobre o sentido da busca do conhecimento e da verdade, que não pode se dar, sobretudo, de fora, de modo heterônomo.

Projeto inteiro, múltiplo, incontrolável, a resistência ao que na universidade é virtude toma agora nova forma e adquire mais virulência. O ataque aos gestores e à própria vida universitária, o desrespeito (esse, sim, recente, deste governo) à liberdade de escolha de dirigentes, bem como (também destes dias) o desrespeito à produção de conhecimento, ao valor da pesquisa, ao mérito acadêmico, ao modo como, em nossos espaços, dialogam as gerações e as diferenças, tudo isso agride a universidade como lugar de conhecimento e liberdade.

3. As universidades têm grande capacidade instalada, em equipamentos e, sobretudo, em recursos humanos. Sendo lugar da ciência, são também o espaço privilegiado de gestos inovadores. Não por acaso, arranjos produtivos locais ou nacionais são fonte específica de captação de recursos. Sim, para os desavisados, as universidades públicas captam recursos. Não obstante, dependem de recursos públicos. E é muito bom que seja e continue a ser assim. Não há aqui prejuízo, pois o processo da educação não envolve simplesmente um custo, mas um investimento da sociedade em seu futuro.

Sim, o futuro. Um neologismo agora nos provoca, sendo, porém, de motivação equívoca e gosto duvidoso. O verbo "futurar", não pronominal, seria sinônimo de conjecturar, de antecipar, ter a pré-ciência. Ora, para conjecturar, um projeto faz estudos de viabilidade, antecipa, simula, pondera e, mais ainda, escuta primeiro os interessados, deixando-os conhecer e apresentar propostas, pois a construção de programas, para dar conta das múltiplas finalidades presentes no tecido acadêmico do país, só pode começar por um gesto de escuta, paciente e profundo, que costumamos chamar de democracia.

132 Universidade pública e democracia

O risco do uso indevido ou imprudente da *métis*, da inteligência astuciosa, é conhecido; pode levar-nos a um ente desguarnecido da mais mínima proteção e a um Prometeu enfim acorrentado. É, porém, como neologismo que essa versão do verbo, pronominal e no imperativo, pretende evocar certo tornar-se futuro, um ir ao encontro do futuro, como se pudéssemos fazer uma viagem dessas, sem que ela, contudo, esteja instalada no conjunto de nossos sonhos e necessidades. Por isso, o Programa Future-se corre o risco de usar contra nós até nossas virtudes e alguns de nossos desejos.

Sem dúvida, as universidades públicas enfrentam problemas, alguns estruturais. Um diagnóstico sensível, do olhar experiente de quantos desenvolvem projetos arrojados de pesquisa, percebe dificuldades para gestos mais empreendedores, que não atentam por si contra a natureza pública da universidade. Também, uma avaliação dos processos de ensino logo reconhece a gravidade dos índices de evasão, que são ainda maiores nas instituições privadas e dependem em muito de fatores extrínsecos, mas solicitam toda a atenção. E as metas de expansão estão longe de ser cumpridas, assim como o processo de crescimento nem sempre levou em conta a conjugação de fatores necessários e suficientes para a abertura de novos cursos, como infraestrutura consolidada, capacidade acadêmica e demanda social.

Selecionemos, de muitas, apenas uma finalidade: o interesse da inovação, cujo cumprimento efetivo ainda está longe de conjugar sociedade e grupos de pesquisa. Ora, se a inovação, em nosso país, ocorre em centros de pesquisa, é claro o diagnóstico de que não se dará à margem da universidade. Toda uma cadeia tem esse elo como ponto de partida. Entretanto, se há obstáculos efetivos para a inovação, ela não se torna medida de si mesma nem deve desligar-se do interesse originário da pesquisa. Não se removem obstáculos de qualquer modo, ou essa finalidade, que hoje enfrenta problemas, fará definhar ou até suprimir outras finalidades, podendo a universidade, em muitos casos, deixar de realizar pesquisa para simplesmente oferecer consultoria – em tal cenário, a capacidade de captação, antes determinada por valores acadêmicos e voltada ao bem comum, torna-se selvagem e, no limite, desprovida de natureza acadêmica.

4. Legítimo o esforço do MEC em procurar soluções para o orçamento. Com isso, reconhece a dramática defasagem orçamentária sofrida pelas universidades. Também é natural que procure identificar núcleos que considera mais

dinâmicos. É uma inflexão no discurso, pois, ao início deste governo, mais se depreciava a universidade. Resta saber se essa mudança conserva o ranço de um ataque ao que, para nós, são valores inegociáveis. Por isso, é sempre nosso dever lembrar a todos a riqueza inteira do sistema público de ensino superior, não podendo o MEC, que tem responsabilidades com todo o sistema, ser gestor apenas daquela parte para a qual acaso se incline.

Qualquer programa vale na medida dos valores que pretende realizar, dos princípios que respeita, nunca apenas por seus resultados. Temos critérios, afinal, para saber se uma proposta dá conta da inteireza do problema ou se é enviesada e parcial. Sendo assim, um programa para o sistema de universidades públicas não pode deixar de garantir: 1) a unidade do sistema, não devendo haver regras que se apliquem a algumas partes do sistema e não a outras; 2) a comensurabilidade do sistema, de sorte que o sistema mesmo sirva para o combate à desigualdade regional, não para alimentá-la; 3) a diversidade do sistema, que, ao lado da unidade de fundo, garante a riqueza oriunda de cor local, vez que não se desenha um futuro desdenhando da competência instalada e da tradição de cada universidade; 4) a autonomia do sistema, sendo preciso confiar na sabedoria de cada instituição, em sua capacidade de escolher caminhos, para o que é preciso proteger-lhe a integridade, como um todo no qual o crescimento diferenciado das partes, inclusive em recursos, não obsta à precedência do interesse comum; 5) a expansão do sistema, que, em uma sociedade como a nossa, com um déficit histórico de vagas públicas e um acúmulo de mecanismos de exclusão, coloca-se ainda como meta necessária, tal como pactuada no Plano Nacional de Educação.

Qualquer programa deve, portanto, ser avaliado não só pelos recursos que é capaz de captar, vez que não somos um negócio, mas sim pela destinação que pode dar a quaisquer recursos. Desse modo, propostas que se pretendem arrojadas às vezes se mostram, sob essa luz, incipientes, bastante distantes do refinamento e do porte desejáveis. Ou seja, por pressa ou preconceito, estarão apenas aquém do desafio.

Não podemos, pois, lamentar que propostas sejam apresentadas. Apenas lembraremos sempre que não podem ser aceitas se implicam uma renúncia a nossa natureza. Assim, neste momento decisivo para as universidades, não podemos deixar de nos mobilizar em todos os espaços (do Parlamento às ruas, certamente), usando, sobretudo, os recursos mais cuidadosos e radicais da crítica conceitual que tão bem nos caracteriza. Cabe-nos invocar palavras e argumentos, exigindo que se respeite o espaço público como lugar de demonstração, ou melhor, deslocando o refinamento da universidade para o espaço público em que se deve decidir nosso destino.

A CRISE DA UNIVERSIDADE

1. Uma instituição está em crise quando esgota sua missão e perde seu sentido ou quando, fadada à repetição, passa a ter apenas duração e não mais história. Nenhuma dessas condições se aplica à universidade pública brasileira. Primeiro, ela não completou a expansão necessária, estando longe ainda de atingir as metas do Plano Nacional de Educação; tampouco gerou as condições para uma verdadeira inclusão, não tendo deixado, por outro lado, de corresponder a expectativas precisas da sociedade em formação de quadros e produção do conhecimento. Segundo, como projeto desafiador, como obra aberta, não exauriu o arco de perfis que pode alcançar, sendo insuficientes para caracterizar as universidades a medida atual da precariedade de recursos e a diferença radical de territórios, histórias específicas e arranjos locais.

Duas proposições quase contraditórias tornam-se estranhamente complementares. Primeira proposição, a universidade não está em crise, mas a sociedade está. Segunda, a universidade está em crise, porque está em crise a sociedade. Não estando em crise a instituição, não sendo ela um projeto falido, a universidade vive, contudo, um momento dramático, de cerco orçamentário e ataque ideológico. Ela conserva, assim, a inteira razão de ser e, não obstante a vitalidade, vê-se ameaçada em seu modo de existir. A universidade vive, pois, uma crise que na origem não é sua e, a bem da verdade, não começa com o atual governo, que lhe é franca e abertamente hostil. Os ataques e incompreensões começam com a revisão de projetos de Estado, aqueles fixados em instrumentos normativos como o Plano Nacional de Educação, a LDB e, ao fim e ao cabo, a própria Constituição Federal. Em específico, parece, vivemos uma transformação profunda de estruturas sociais e procedimentos normativos, como se refizéssemos a Constituição, mas sem uma assembleia constituinte. Mais grave ainda, à diferença de 1988, quando a Constituição Cidadã coincidiu com um ascenso democrático, nós a reescrevemos em meio a um descenso conservador, em meio a um esvaziamento do espaço público e à ausência de medidas claras do que seja o interesse comum.

No caso da universidade pública, ela passa a sofrer com a dupla pauta de diminuição do Estado e de limitação de direitos, à qual se associa a perda de sua aura, de sua sacralidade, enquanto projeto outrora colocado acima do bem e do mal. É como se a universidade pública, ressalvado o incontestável serviço que presta a todos, não mais ocupasse um lugar simbólico essencial e insubstituível. No extremo, parece fácil, para a demanda mais massiva de ensino superior, apontar o caminho das particulares; e, para a demanda mais exigente das elites, o caminho do aeroporto internacional.

Em certo sentido, estar em crise seria um estado natural, positivo e permanente da universidade. É interna à universidade uma disputa de hegemonia entre competição e colaboração, reprodução de privilégios e ampliação de direitos, repetição e inovação, manifestações de autoritarismo e aprofundamento de ações afirmativas. Há uma diferença, porém, entre esse estado permanente de crise, que a faz crescer e a vitaliza, e a crise que ora a ameaça, porque resultante de ações e forças externas, que nela, contudo, também se aninham.

A universidade pode ser definida como uma instância regida por constante necessidade de justificação de seu direito à existência. Instituições sem crise, apenas inerciais, não seriam autênticas universidades. Entretanto, ao sofrer uma crise não propriamente sua, vive hoje o negativo, a agressão direta de um governo que insulta os mais mínimos procedimentos civilizados (*als wäre ein Geist der stets verneint*) e de uma sociedade que se desvela mais conservadora e reativa a gestos de disrupção em comportamentos ou por conceitos, sendo a universidade atacada, enfim, não por seus vícios, mas por suas virtudes, mesmo se apenas potenciais.

2. Qual é, então, a crise que vivemos e que, não sendo apenas nossa, não pode ser resolvida sem gestos políticos mais amplos? É uma crise emprestada, deslocada, passageira, ou faz confrontar a universidade pública (compreendida como projeto de Estado) não só com os projetos do atual governo, mas também

com projetos que se foram urdindo há tempos? Com efeito, a elite pode ficar incomodada com figuras caricatas e improváveis, mas, para além da diferença de modos e educação, a semelhança de família entre suas ideias é notável.

Após um momento inicial no primeiro semestre de 2019, durante o qual o ministério só tinha ataques a desferir contra as universidades e nenhuma proposta, foi apresentado, com requintes pirotécnicos, o Programa Institutos e Universidades Empreendedoras e Inovadoras – Future-se. A leitura mais atenta da minuta do Programa desencadeou, por todo país, um consistente movimento de rejeição. O programa, afinal, como já se disse na arguição de algum trabalho acadêmico, tem, sim, coisas novas e interessantes. Só que as coisas interessantes não são novas, e as novas nada têm de interessantes. Pior, o que poderia ser interessante, como haver um mecanismo para a captação de rendas próprias pelas universidades não esbarrar em um teto, vem acompanhado de um mecanismo de adesão que implica renúncia direta à autonomia e, também, a valores acadêmicos essenciais. Em suma, a minuta é uma formulação tosca de ideias cortejadas ao longo do tempo; e a rudeza de seu porta-voz, capaz de constranger senhores bem-educados, qualquer que seja o posicionamento político, derrama sobre ele como que uma cortina de fumaça de ilusão e temor.

Primeiro, o projeto pretende oferecer orçamento adicional às universidades, mas foi apresentado ao tempo que não havia garantia orçamentária para os meses seguintes, de sorte que o enunciado da proposta, pretendendo valer-se da energia e da inventividade das universidades, sempre era acompanhado de impropérios diversos, contra práticas, cursos, eventos e gestores, com a universidade sendo exibida como fonte atual de todos os males ou como culpada de pecados atávicos.

Essa situação ambígua encontra expressão contraditória nas propostas e nas falas do atual governo, que se debate contra os marcos regulatórios mais amplos que determinam o que é e o que não é lícito com a educação. Exemplos se multiplicam disto que poderíamos chamar pensamento contraditório e nada dialético: 1) o financiamento público da educação vai continuar como está, afirma-se, mas para sugerir em seguida o intento de que o financiamento público deva ser menor que 40% do orçamento das universidades; 2) o professor universitário estaria ganhando demais, seria uma "zebra gorda", mas, com o Future-se, afirma-se, os professores vão enriquecer. O paradoxo aparece como método de argumentação, sendo que, neste caso, vemos uma política pública, de forma inédita e surpreendente, apresentar como meta para servidores o enriquecimento pessoal, não o bem comum.

A atitude empreendedora dos proponentes do Future-se seria semelhante à de quem fosse contratado para salvar as finanças de uma igreja, não precisando para isso ser muito cristão. Desse modo, constatada a evasão de fiéis, a dificuldade de manutenção do edifício e a insuficiente captação de recursos, mas vendo o grande potencial daquele negócio, o gestor economista poderia sugerir a utilização dos prédios da paróquia em horários ociosos para outras atividades, um dinamismo maior das missas e o retorno da cobrança de indulgências plenárias, bem como a nomeação de alas da igreja e o retorno (pouco recomendado pela vigilância sanitária) de enterros em solo sagrado. Tampouco seria absurda, nesse espírito, a sugestão de deixar ao padre a estrita obrigação da missa e entregar a gestão dos assuntos mundanos a uma organização social, que contrataria e demitiria funcionários, hostilizando velhas carolas que tornam o culto muito pachorrento. Tudo isso, é claro, para "salvar a igreja", como agora se anuncia querer "salvar a universidade".

3. Voltemos, porém, ao solo sagrado da universidade. Em relação a ele, esse projeto agressivo e desordenado está simplesmente aquém do desafio proposto e, por isso mesmo, tem provocado a mencionada rejeição de nossas comunidades. Entretanto, devemos considerá-lo um absurdo extravagante ou seria ele, antes, um sintoma, comportando alguns traços recorrentes que procuram orientar a formulação de políticas públicas?

O Future-se é, com efeito, no texto de sua minuta ou nas falas que o sustentam, um exemplo notável: 1) *de indistinção entre o público e o privado*, como em sua proposição de estender às instituições privadas a possibilidade de revalidação de diplomas, contrariando a LDB; 2) *de precedência do privado*, como na aparentemente sagaz sugestão de utilização da Lei Rouanet para captação de recursos para museus e equipamentos culturais, uma vez que a Rouanet é, em verdade, uma péssima distribuidora de recursos públicos; 3) *de privatização das decisões acadêmicas*, no que se refere, por exemplo, aos cursos que devem ser mantidos e apoiados, uma vez que a retribuição imediata à figura do contribuinte (como se retornássemos ao antigo proprietário lockiano) seria doravante a medida do interesse público; 4) *de abandono de metas públicas anteriormente pactuadas*, como as constantes no Plano Nacional de Educação (nenhuma delas no projeto), de sorte que o orçamento passa a estar no começo e ao fim da ação educacional, em vez de mediar a relação entre as metas iniciais da educação e os resultados finais de produção do conhecimento e formação de recursos humanos; 5) *de ataque à imagem e ao papel dos servidores públicos*, que são apontados como improdutivos ou ineptos, sendo sua estabilidade um mal a ser corrigido; 6) *de ataque à representação institucional* e, de resto, a toda solenidade que distinguiria instituições destinadas à preservação e à produção do conhecimento – desde as medidas tolas, mas carregadas de ressentimento, que impedem o uso de títulos como os de "doutor" ou de "magnífico" em documentos oficiais, até as medidas gravíssimas de supressão da gestão democrática, com o desrespeito sistemático à escolha de dirigentes por suas respectivas comunidades; 7) *de ataque direto à autonomia das universidades*, em especial pela transferência da gestão de contratos para organizações sociais ou para entes assemelhados; 8) *de desprezo à Constituição Federal*, em especial ao artigo 207, com a substituição da fórmula da "autonomia de gestão financeira", segundo a qual as universidades gerem recursos garantidos pelo Estado, por aquela fórmula mais simples da "autonomia financeira", de acordo com a qual as universidades devem lançar-se doravante à procura de meios para garantir seu funcionamento.

Como podemos ver, a proposta já traz seu grão de discórdia, sendo ademais anunciada em meio ao comprometimento das condições de gestão do sistema, da atual governança, como se coubesse ao ministério adotar uma atitude de guerra face ao que também está sob sua responsabilidade. Nesse cenário, não podemos tomar a eventual agressividade ou falta de compostura como falha individual, mas antes como estratégia pela qual, como disse um parlamentar aliado do governo, o resultado da ação vale mais que a dignidade do cargo. No caso do governo atual, portanto, a descompostura tem sido tão sistemática que deve ser compreendida no âmbito do propósito da diminuição do Estado e, por conseguinte, da condição e do papel dos servidores públicos.

Vale aqui uma pequena digressão. Como sabemos, servidores públicos respondem à sociedade por atos e omissões. Sua conduta é objeto da atenção de todos, estando especificamente regulamentada. Pelo Código de Ética do Servidor Público, é-nos vedado, por exemplo, deixar de levar em conta os avanços técnicos e científicos em nossa atividade (o que enseja obrigações com a pesquisa científica e com as evidências empíricas que devem embasar decisões de política pública, imediatas ou de longo prazo), assim como não nos é permitido que simpatias, antipatias, caprichos, paixões ou interesses interfiram no trato com o público ou com colegas de serviço.

Em particular, o código de ética afirma: "É vedado ao servidor público prejudicar deliberadamente a reputação de outros servidores ou de cidadãos que deles dependam" (seção III, artigo XVb). De modo mais específico, no Código de Conduta da Alta Administração Pública, cujas normas se aplicam a ministros e secretários de Estado e demais autoridades, em seu artigo 3º, afirma-se que: "No exercício de suas funções, as autoridades públicas deverão pautar-se pelos padrões da ética, sobretudo no que diz respeito à integridade, à moralidade, à clareza de posições e ao decoro, com vistas a motivar o respeito e a confiança do público em geral".

Lembramos, assim, como parte da afirmação dos valores universitários, os deveres da urbanidade na produção de um convencimento que se deve impor ao mero recurso à força. Não deixa de ser curioso, um sinal dos tempos, como a defesa da cordialidade tornou-se incômoda ou anacrônica em diversas dimensões do espaço público, nessa atmosfera de crescente descaso com o outro, de supressão de todas as mediações. Talvez isso se dê pelo fato conhecido de as manifestações autoritárias temerem menos a força que a sensibilidade. Por isso mesmo, temos insistido bastante na defesa da cortesia e do decoro (dos quais, é verdade, as classes dominantes muito se serviram para domesticar), pois tal defesa de valores civilizatórios adquire agora a forma de uma resistência a quem perdeu todo decoro e não reconhece nenhuma medida do que pode ser o interesse comum. Lembrar a delicadeza própria à ética dos servidores públicos é, enfim, dizer, no passado, no presente e no futuro, com devidas serenidade e firmeza, que nossa coragem cívica resulta menos de um arroubo de virilidade, e sim, bem mais, de uma demonstração pública de decência.

4. O Future-se, em sua forma atual, é unilateral e precário. Mesmo em seu aspecto aparentemente mais ousado, o de propor uma forma de captação que libertaria a universidade das amarras do limitado financiamento público e dos obstáculos à utilização de recursos privados na universidade, não tem substância suficiente, pois não se ampara em um diagnóstico do próprio mercado nem em estudos de viabilidade para a captação pretendida, além de ignorar mecanismos já existentes e carentes apenas de implementação, como o novo marco legal de ciência, tecnologia e inovação e as atuais regras para fundos patrimoniais. Para

profissionais do mercado, só pode aparecer como proposta vaga e amadora. Assim, também por esse viés, não está à altura do desafio, mesmo se tivesse por objeto apenas um escopo limitado perante uma instituição caracterizada exatamente por uma multiplicidade de finalidades e metas.

É unilateral, pois 1) enfatiza um único modelo de universidade, que decerto não conseguiria sustentar a inteireza da instituição, e 2) provoca uma divisão no sistema federal, uma vez que favorece apenas aquela parte disposta a uma adesão. A unilateralidade quebra duplamente a unidade do sistema, separando cada instituição de si mesma e dividindo o conjunto das instituições. Com a ideia da adesão, também se vê comprometida a comensurabilidade do sistema – comensurabilidade que não pode ser considerada uma meta provisória do sistema, mas sim sua meta estratégica. E, ao atingir a comensurabilidade, compromete, ainda, a plenitude de cada instituição, agredindo diretamente o preceito constitucional do laço indissolúvel entre ensino, pesquisa e extensão. Enfim, a divisão que provoca não para por aí, pois separa também a força de trabalho em duas categorias, a dos servidores, condenada a progressiva extinção, e a dos celetistas, condenada a uma permanência instável.

Entretanto, como veremos em seguida, em feição mais refinada, mas não menos agressiva, os pontos citados têm comparecido em editoriais dos nossos mais importantes meios de comunicação – com frequência, ao lado da recorrente defesa do fim da gratuidade, em modelos diversos, a exemplo do padrão australiano de empréstimo condicionado a renda futura[1].

Sem a rudeza atual, nada têm de frágeis. Por vezes, na forma de uma concessão aos fatos, defende-se a natural diversidade de vocações (atitude adotada até em documento da Academia Brasileira de Ciências) – diversidade que reservaria a excelência a uns poucos centros. Não raro, porém, compartilham com as atuais predileções ministeriais o tom pejorativo em relação a nossas instituições e a nosso trabalho, mesmo quando não se associem diretamente a outra ação em andamento, a saber, o desmonte do sistema inteiro de ciência e tecnologia.

Em meio à penumbra, o desmonte pode assumir diversas formas – e não se dirige apenas contra a universidade. O ataque é ao sistema de ciência,

---

[1] Cf. Paulo Meyer Nascimento (org.), *Financiamentos com pagamentos vinculados à renda futura: a produção do Ipea até 2018* (Brasília, Ipea, 2019).

tecnologia e inovação. Ao lado da Ploa (Proposta de Lei Orçamentária Anual) de 2020 das universidades, que tem garantidos apenas 70% do atual orçamento e, pior, do plano plurianual da educação superior, que admite redução de 50% do orçamento da educação superior para o período de 2021 a 2023, há sinais preocupantes de investidas diretas sobre a arquitetura do fomento à pesquisa e à ciência em nosso país, uma arquitetura começada nos anos 1950. Assim, a Ploa já apresenta uma redução no fomento do CNPq, como se ele devesse assemelhar-se mais e mais à Capes, como em um prenúncio de fusão entre agências, com a qual a vocação originária do apoio a programas pela Capes e a do apoio à pesquisa pelo CNPq se veriam confundidas, além da perigosa extinção da Finep, condenada talvez a desvirtuar-se, em função e expertise, no ambiente inteiro do BNDES.

5. A proposta tem uma face caricata e inerme, sim. O ministro coloca-se, sim, em postura de guerra. Entretanto, suas propostas e sua atuação atualizam um conjunto de propostas de grande prestígio em classes e meios de comunicação dominantes. Um recente editorial do jornal *O Globo* diz tudo. O ministro simplesmente atrapalha, pensa *O Globo*, não ajuda a implantar medidas que, todavia, seriam corretas, como a contratação por meio da CLT e a gestão por organizações sociais:

> O ministro Abraham Weintraub não é propriamente uma pessoa cuidadosa com o que diz. [...] Ele continua sem moderar a linguagem. Resulta que propostas que o MEC tem feito terminam contaminadas pelo estilo Weintraub.
> Prejudica, dessa forma, debates que podem ser travados sobre projetos concretos. É o que acontece com o Programa Future-se, para as universidades públicas, em que se buscam novas fontes de financiamento para as instituições. Não é saudável para o ensino superior público depender apenas da disponibilidade financeira da União e de estados. [...] No Future-se, Weintraub defende que organizações sociais (OS) entrem na administração da universidade pública. Este modelo de gestão permite uma flexibilidade que instituições subordinadas diretamente ao Estado não têm. Neste sentido é que há a proposta de professores serem contratados pelo regime da CLT, sem que os estatutários deixem de existir. [...] Tudo é mais flexível, e o contrato de trabalho com o professor ou funcionário técnico pode ter diversos prazos, inclusive prever a estabilidade. [...] Abraham Weintraub poderia colaborar, baixando o volume de seus discursos ideológicos.*

---

*   *O Globo*, 6 out. 2019. (N. E.)

Sendo uma proposta inepta, ela em nada se descola do diagnóstico acerca da universidade que tem sido feito pelas elites governantes e menos ainda se afasta do elenco de soluções que têm sido apresentadas. Se o ministro aparece como figura caricata para a *Folha*, o *Estadão* e *O Globo*, por exemplo, ele deve sentir grande satisfação ao ler seus editoriais.

Na análise do fenômeno que tenho chamado de perda da aura da universidade pública, incluiria a *Folha* entre os que hoje depreciam sistematicamente a universidade enquanto projeto de Estado. Vejam, a esse respeito, seu editorial de 17 de setembro de 2019, que exemplifica bem a visão criticada, ao comentar o resultado de um ranking internacional, mas que tem plena continuidade com um editorial de 12 de agosto de 2018, quando a *Folha* já combatia, com realismo pragmático, o paradigma da indissolubilidade entre ensino, pesquisa e extensão:

> Se o Brasil quiser participar para valer dessa corrida pelos poucos lugares ao sol na elite acadêmica mundial, terá de enfrentar reformas que desbastem resistências encrustadas sobretudo no corporativismo do sistema público.
>
> As poucas universidades dignas do nome – porque cumprem com excelência o ciclo de ensino e pesquisa – precisam ganhar meios para se financiarem cada vez mais na sociedade e menos no Estado.
>
> O incentivo às doações de pessoas físicas e jurídicas e a cobrança de mensalidades daqueles que têm condições de pagar são temas a entrar na ordem do dia.
>
> Não faz sentido, sob penúria orçamentária duradoura e necessidade de reduzir desigualdades, o contribuinte continuar pagando pela formação dos mais ricos. Fundos públicos nessa área deveriam focalizar mais pesquisa e inovação.
>
> Por fim, passa da hora de atacar o compadrio e a complacência com a improdutividade que ainda grassam nas universidades públicas. A estabilidade acadêmica precisa deixar de ser um prêmio obtido logo no início da carreira docente para tornar-se fruto de um trabalho mais longo de ensino, pesquisa e publicação de resultados.*

Esse é apenas um exemplo, pois críticas assim se encontram nos principais meios de comunicação, e convicções dessa ordem não se restringem à elite paulista.

6. A grande mídia contribui, de modo bastante extensivo, para o fenômeno da quebra da aura da universidade pública. Será que, afinal, o Brasil inteiro pode

---

* *Folha de S.Paulo*, 17 set. 2019. (N. E.)

se dar o luxo de ter universidades em sentido pleno? Como ser utópico não significa ser exatamente tolo, não nos referimos a um projeto imediato, mas sim a um de longa duração, em função do qual não se pode matar na origem as condições de possibilidade de tal plenitude. Porém, para as elites, parece, a universidade deixou de ser um projeto e se tornou mais um problema. Para nós, continua a ser uma solução. E isso depende da própria definição que tenhamos de universidade e do papel que pode desempenhar. Depende, em suma do que, em sendo distintas as universidades em quase tudo, julgamos que tenham em comum. Ou seja, em meio à diversidade de sua instalação, o que nelas ultrapassa o imediato de ameaças e de escassez de recursos? O que nelas conforma uma unidade para além das mais flagrantes diferenças? Em virtude do que, afinal, propostas semelhantes à do Future-se, por ousadas que pareçam, estão aquém do desafio posto pela ideia de uma universidade pública?

Com efeito, cada universidade, se capaz de reflexão, se madura para ser autônoma, é singular. Ela não simplesmente repete um modelo, como quando distinguimos um teodolito de um astrolábio por já termos visto um teodolito primordial. Cada universidade é a tradução local de algumas tensões universais, às quais confere uma cor própria em seu contexto concreto. Se universidades são autênticos projetos de Estado e da sociedade, não estão em questão ou em crise em virtude de alguma eventual circunstância arbitrária. Em questão, sim, encontra-se o Estado, à medida que podemos indagar se está à altura de uma aposta tão elevada.

Que aposta elevada seria essa? Retomo aqui uma descrição elaborada por equipe coordenada por Pierre Bourdieu, que já citei mais de uma vez para lhe destacar a singularidade, mas que submeto agora a uma leitura, não exatamente talmúdica, mas bem mais detida:

> A universidade é um lugar, talvez o único lugar, de confrontação crítica entre as gerações, um lugar de experiências múltiplas, afetivas, políticas, artísticas, por completo insubstituíveis [...]; lugar de concorrência entre saberes, de seu colocar-se em questão e, portanto, forma insubstituível de espírito crítico e cívico, de espírito cívico crítico, lugar que viria a desaparecer atrofiando toda reflexão geral, aquela capaz de ultrapassar os limites das especializações disciplinares e das competências economicamente funcionais.[2]

---

[2] Association de Réflexion sur les Enseignements Supérieurs et la Recherche, *Quelques diagnostics et remèdes urgents pour une université en péril* (Paris, Raisons d'Agir, 1997), p. 120-1.

Primeiro, a universidade é um lugar, está em um lugar, diferencia-se por ser um lugar em oposição a outros. Não se instala, pois, em um espaço abstrato, como se fossem escritórios em etéreos vales do silício, como se por ela abríssemos uma janela para alcançar demandas e alimentos para nossas soluções. Ela (re)organiza relações entre pessoas, classes e instituições em uma região específica. Compromete os valores locais ao trazer saberes e interesses estranhos, sem ignorar o vocabulário, a frase, o texto desse lugar onde acaso se estabelece.

Segundo, não é um lugar qualquer. É singular por ser o lugar (talvez o único) de confrontação entre gerações, ou seja, ela torna presente em um espaço, por colaboração, o que talvez se dissolvesse no tempo por substituição. E as gerações não estão umas para as outras por meio de simples contiguidade, como pais ao dialogarem com seus filhos, mas também por diferenças sistemáticas, plasmadas por vezes em oposições epistêmicas de séculos ou em conflitos intransponíveis de interesses.

Por isso, terceiro, as experiências são múltiplas e, logo, jamais seriam apenas racionais. Não podem ser medidas pela simples eficácia nem melhoradas por algum adestramento ou disciplina. Elas são afetivas, políticas, artísticas, como a buscar o conflito, o atrito, a arte, ao tempo que buscam a verdade e fazem ciência. Eis que, ao lado da ordem de razões, a universidade também acolhe a desordem de emoções, faz boa balbúrdia, pela qual a repetição associa sua comunidade a gestos futuros e não à reiteração do mesmo.

Quarto, é lugar de concorrência entre saberes. Com isso, não se esgarça apenas no tempo, mas se permite fazer dialogar saberes que, nesse diálogo, transforma, pois recusa tornar o saber mera técnica. É, pois, o espaço onde convivem matrizes de pensamento conflitantes, que, surpreendentemente, colaboram, participando de uma reflexão geral.

Quinto, por ser capaz de reflexão, por não ser a expressão partidária de uma competência, de uma técnica, é um espaço que se organiza como lugar de esclarecimento, ou seja, não apenas um repositório de verdades, mas sim de conhecimento, uma vez que só podem ser considerados esclarecidos os que são capazes de pôr seu próprio saber em questão.

Sexto, é então o lugar de um espírito crítico e cívico. Não simplesmente de confronto, mas sim de preeminência da palavra sobre outros instrumentos de poder, inclusive por a dimensão crítica coroar-se em um compromisso cívico, ou seja, um compromisso também coletivo, com o outro, com o comum, com valores que enfim ultrapassam os interesses particulares. Por isso, reitera o texto, um espírito cívico crítico.

Sétimo, porque capaz de reflexão crítica, porque determinada por um interesse coletivo, é lugar que não se governa de fora e, logo, deve perfazer-se por uma autonomia, não sendo mera repartição pública nem uma empresa. Em um lugar assim, as decisões administrativas não se descolam de sua finalidade, ou melhor, de suas finalidades, de seus múltiplos propósitos, que são também medidos em resultados (titulação de pessoas, produtos de pesquisa, objetos inovadores), mas nunca se esgotam neles.

A universidade é, portanto, uma aposta comum de Estado e sociedade em um modelo singularíssimo, porquanto encontra-se inteiramente colada a eles, sendo deles, contudo, por completo independente. Comprometida com o Estado e com os interesses de longo prazo da sociedade, não é projeto de governos, partidos ou sindicatos. Por isso mesmo, é esse "lugar que viria a desaparecer atrofiando toda reflexão geral, aquela capaz de ultrapassar os limites das especializações disciplinares e das competências economicamente funcionais".

Se a universidade é um projeto de Estado, importa que ela não tenha um modelo único. Ela não é um pacote que se despeja nesse ou naquele lugar. Uma instituição assim, com identidade já bem definida, teria antes o desenho previsível de uma linha de montagem. Ou estaria adormecida e entorpecida no tempo, tão só feliz por sua inércia, satisfeita com a ausência de qualquer surpresa. Um projeto assim celebraria com Hegel: "A maior sorte de um estabelecimento é não ter história, apenas duração"[3].

7. O Future-se é apenas uma das formas da atual ameaça às universidades. Provavelmente não é a única nem será a mais grave. Em seu conjunto, elas foram abandonadas pelas elites. E o corporativismo acadêmico mal esboça uma reação, pois ele mesmo se deixa gozosamente dividir. Ora, se projeto de Estado, o destino da universidade é ter história, não apenas duração. E ter história é não se fixar em um modelo único; sobretudo, é recusar qualquer unilateralidade. Aqui, cabe recusar tanto a unilateralidade de um projeto destinado a "universidades inovadoras e empreendedoras" quanto projetos que se

---

[3] G. W. F. Hegel, *Discursos sobre educação* (Lisboa, Colibri, 1994), p. 71.

formulassem como destinados, restritivamente, a "universidades extensionistas", a "universidades de ensino" ou, enfim, a "universidades de pesquisa".

Muitos, com boas razões, fixam os olhos na ideia de uma universidade de pesquisa, de sorte que já teríamos chegado a uma definição plena do melhor modelo ao início do século XIX – o modelo de Humboldt, universalizável, sim, mas também específico de um tempo e de demandas próprias da então frágil nação alemã. Nesse caso mais favorável, porém, após ponderações pragmáticas, os defensores desse modelo se veem obrigados a concluir que tal biscoito fino não poderia alimentar toda a massa demandante de ensino superior. E, com isso, fazem da necessidade virtude, esquecendo que fazer da necessidade virtude é exatamente a medida limitada dos governos, não do Estado.

Johann Gottlieb Fichte, o primeiro reitor da Universidade de Berlim, foi bem mais sutil. Em vez de um modelo, legou-nos a ideia ainda mais forte de universidades como instituições que, por sua natureza, se obrigam a justificar seu direito à existência. E aqui o movimento é de mão dupla. Tanto as universidades devem procurar suas razões específicas perante uma sociedade, de modo que não renunciem à multiplicidade constitutiva de saberes e de relações com os saberes (aquilo que nossa constituição afirma como laço indissolúvel entre ensino, pesquisa e extensão), quanto, por sua feita, a sociedade e o Estado passam a medir a magnitude e a elevação de seu projeto também por sua disposição para apostar sem medo em filhos assim ousados e incontroláveis.

A REJEIÇÃO AO PROGRAMA FUTURE-SE

1. Até quando o governo federal há de ignorar a voz das universidades em cujo socorro afirma orientar-se? Afinal, as universidades federais, de modo inconteste, rejeitaram o Programa Universidades e Institutos Empreendedores e Inovadores – Future-se. As manifestações formais das instituições, por meio de conselhos superiores ou assembleias, indicaram ser tal programa, nas primeiras versões apresentadas e julgadas por nossas instâncias, uma ameaça ao inteiro sistema federal de ensino superior. Não obstante, o governo faz ouvidos moucos ao essencial de nossas considerações e volta a apresentar mais uma versão de seu programa. Neste texto, citamos algumas das objeções recorrentes formuladas por nossa comunidade acadêmica. As versões variam, mas todas reiteram uma radical incompreensão da natureza da universidade pública e de seu papel em nosso país.

Em qualquer de suas versões, atenta-se contra a autonomia de gestão, por exemplo, introduzindo a figura de um contrato de desempenho e retirando das administrações centrais parte de seus contratos. Quase como uma provocação, a autonomia universitária é reduzida, pretextando-se, retoricamente, que ela seria ampliada. Mais ainda, como por ironia, incluem-se procedimentos que inibem a gestão ao lado de menções explícitas à Constituição Federal – em particular, ao artigo 207. Tal menção à Constituição já pareceria por si um vício lógico, como se algum projeto de lei pudesse garantir ou suprimir um preceito constitucional; e, com efeito, o que a lógica sugere ser um vício a análise jurídica não há de mostrar como virtude. Pelo texto constitucional, é conferida às universidades uma autonomia que não pode nem precisa ser ampliada. Seu limite é o horizonte mesmo da Constituição, mas é especial, não se assemelhando àquela atribuída

> a outros entes da administração indireta exatamente por ser constitucionalmente qualificada, da mesma forma que a conferida aos entes políticos na Federação brasileira, encontrando-se, portanto, entrincheirada e submetida a verdadeira blindagem constitucional que rechaça qualquer medida tendente a aboli-la ou mesmo a mitigá-la.[1]

Em outras palavras, seu estatuto é o de um preceito fundamental, vinculando-se aos princípios de liberdade de expressão e manifestação do pensamento, comuns a qualquer ente, a distinção das universidades em relação aos outros entes, por constituírem um lugar especial de produção do pensamento, ou seja, um lugar em que a autonomia se associa à obediência de um princípio específico, pelo qual ensino, pesquisa e extensão são indissociáveis.

A inconstitucionalidade não se verifica, pois, nesse ou naquele item, de modo isolado, mas no espírito mesmo do programa. Ou seja, a lei não pode dispor sobre a introdução de metas de desempenho ou de resultado, pois esse é o exato horizonte do exercício da autonomia. Sem nos aventurarmos no terreno da psicanálise da elaboração de peças jurídicas, seria essa uma hipótese plausível – a de que a menção explícita à Constituição termina por diminuir o preceito fundamental mencionado? Pretendem acaso transformar em legislação contingente o que é condição do que pode ser legislado? O projeto de lei (nas versões em que, cautelarmente, menciona a Constituição) denuncia, talvez, com essa fragilidade lógica e jurídica, o que está em jogo, o que no fundo ele comporta. Se um texto precisa relembrar um item que, de resto, não poderia alterar nem suprimir, é por esse ser exatamente o ponto sob constante ameaça – senão formal, de claro constrangimento prático.

Após a primeira minuta ter sofrido muitas e justas críticas por simplesmente 1) mudar a redação do texto constitucional, passando a referir-se a autonomia financeira, por exemplo, no lugar da autonomia de gestão financeira, e 2) colocar um contrato de gestão com uma organização social como porta de entrada para a adesão ao programa, detectamos um verdadeiro movimento de encobrimento, suavizando a expressão "adesão" pelo termo

---

[1] Cf. Parecer da Comissão para Análise do Programa Future-se, Faculdade de Direito da UFBA, encaminhado ao Conselho Universitário da UFBA.

"participação" (embora aderir seja participar, e participar, sabemos bem, seja aderir) ou pela condição de ser firmado um contrato (e firmar um contrato é aderir a seus termos e, logo, participar).

Falhas lógico-formais são sempre indesejáveis, mas não deixam de ser instrutivas. Queremos crer que, nesse caso, se devam em parte à pressa ou ao despreparo na elaboração de documentos que, todavia, pretendem transformar a inteira estrutura do ensino superior federal. É assim desproporcional à missão a presença de deslizes, como o de elencar, sem base comum, disposições de distinto nível. Ora, não são de mesma natureza a finalidade de propiciar fontes adicionais ou de incentivar o incremento da captação de recursos próprios e a finalidade, inquinada por uma preferência ideológica, de fomentar a promoção da visão empreendedora. Os documentos não distinguem essas categorias. E esse deslize é estrutural, pois associar a dotação "salvadora" de orçamento a uma visão particular de universidade implica constranger a margem de liberdade da instituição, limitar o exercício pleno de sua autonomia, pelo qual, em conformidade com sua história, sua competência e seus desafios, a instituição deve decidir como se organiza e como dirigir sua vida acadêmica.

2. Pode ser útil aqui um pouco mais de análise lógica, mesmo simples e elementar. Eis o texto exato do artigo 207 da Constituição Federal: "As universidades gozam de autonomia didático-científica, administrativa e de gestão financeira e patrimonial, e obedecerão ao princípio de indissociabilidade entre ensino, pesquisa e extensão".

A estrutura lógica do artigo é clara (a de uma função proposicional, "A" & "B"), permitindo-nos estabelecer com precisão suas condições de verdade. Temos uma conjunção principal, a dividir o artigo em duas partes, sendo que a primeira parte se resolve em outras conjunções, enquanto a segunda parte conjuga em um todo indissolúvel um princípio a ser obedecido. De um ponto de vista lógico, a verdade de uma proposição conjunta é função da verdade de suas proposições componentes. Só será verdadeira a conjunção se todas as componentes conjuntas forem verdadeiras, sem exceção. A falsidade de uma única proposição torna falso o conjunto, de sorte que, em se tratando do enunciado conjunto de regras em um artigo, o artigo só será respeitado se as regras dele constituintes forem todas respeitadas.

Todos conhecem a tabela de verdade de uma conjunção, que nos mostra exatamente o que nos diz, a saber, que será verdadeira a função se, e somente se, todos os componentes (argumentos da função) forem verdadeiros. E não há outro caso.

p	q	p & q
V	V	V
V	F	F
F	V	F
F	F	F

A estrutura geral do artigo 207 é, sim, a de uma função proposicional, "A" & "B":

A	&	B
As universidades gozam de autonomia didático-científica, administrativa e de gestão financeira e patrimonial	e	obedecerão ao princípio de indissociabilidade entre ensino, pesquisa e extensão.

"A" também se caracteriza como uma conjunção de proposições, sem que a análise esteja completa:

a) As universidades gozam de autonomia didático-científica;
b) as universidades gozam de autonomia administrativa;
c) as universidades gozam de autonomia de gestão financeira e patrimonial.

Enquanto "B", por sua vez, pode ter uma tradução mais complexa para dar conta da ideia de indissociabilidade. A tradução lógica exata não é tão simples nem precisa ser feita. Basta-nos indicar que ela deve expressar aproximadamente que cada dimensão da atividade finalística da universidade é afirmada, sem dispensar a afirmação correlata das outras dimensões, ou seja, o ensino não pode se dar sem pesquisa ou sem extensão, e assim por diante. Entretanto, deve expressar algo a mais, a saber, que não estejam essas dimensões da vida universitária apenas lado a lado, em compartimentos estanques, mas sim que o ensino está ligado internamente a pesquisa e extensão, e assim por diante;

ou seja, essas dimensões mantêm um laço indissolúvel, estão interligadas, não sendo meros itens de uma lista de componentes indiferentes, como se dispostos em separado em prateleiras de um supermercado.

Assim, tanto pela natureza lógica do enunciado da regra quanto pela natureza da instituição (que supõe um laço orgânico entre atividades finalísticas e atividades-meio), não tem sentido uma autonomia didático-científica sem uma autonomia administrativa etc., assim como a autonomia tem sua justificativa na natureza mesma da instituição, cuja maturidade deliberativa resulta do modo como produz e transmite conhecimento, além de relacioná-lo com o interesse da sociedade. Também essa conjunção bem estabelecida entre autonomia e natureza institucional solicita a garantia de recursos pelo Estado, de sorte que temos a determinação de autonomia de gestão financeira. Uma proposta que amesquinhe qualquer um dos lados dessa grande conjunção ou que subtraia algum de seus componentes estará agredindo a Constituição. Em caso de apresentar-se de forma dissimulada, em que se retira exatamente o que se menciona, temos um indicativo ainda mais grave de burla sorrateira à Constituição.

Tal burla é evidente no empobrecimento dos eixos temáticos do Programa Future-se. Além de estarem reduzidos a três – 1) pesquisa, desenvolvimento tecnológico e inovação; 2) empreendedorismo; 3) internacionalização –, há o agravante de se determinarem, em sua formulação, ora pela fonte de financiamento, ora pela descrição de meras ações pragmáticas, sem que os eixos estejam regidos pelo princípio da indissociabilidade de ensino, pesquisa e extensão. Em especial, é empobrecida a visão do próprio empreendedorismo, que o programa tanto louva. Ou seja, também atenta o programa contra o preceito constitucional por sua clara unilateralidade, que compromete a razão mesma de ser concedida autonomia às universidades.

Universidades públicas não são empresas. No interior delas, portanto, as ações empreendedoras não se podem reger por princípios estranhos a sua natureza pública ou a seu projeto institucional. Por isso mesmo, há uma verdadeira disputa semântica sobre a noção de empreendedorismo, disputa que o programa, talvez por desconhecimento, ignora ou rebaixa. Exatamente isso a Assembleia Constituinte expressou de modo claro e inequívoco, com a Constituição Federal de 1988. Ela escolheu o mais elevado interesse da educação superior pública. O legislador teve, então, a felicidade de associar íntima e internamente a afirmação da autonomia universitária a um projeto de instituição, espelhado no convívio e na colaboração entre as múltiplas dimensões e áreas da vida universitária. Quem acaso afirma a obediência à autonomia prevista no artigo, mas desconsidera o projeto pleno de universidade a ele associado, pratica uma espécie de contradição performática; comporta-se como aquele *mohel* que pendura um grande relógio na entrada de sua loja, mesmo sabendo não ser exatamente esse seu negócio.

3. A análise lógica apenas localiza o texto, enfatiza seu contexto formal, o que enfim explicita ou oculta, como se descrevesse talvez o cenário de um conto de Edgar Allan Poe – no caso, "A carta roubada". Entretanto, o conteúdo do Programa Future-se é bem mais grave, sendo claras as ameaças à autonomia, ao financiamento e ao projeto de uma universidade pública, gratuita, inclusiva e de qualidade. Ao longo do ano, as universidades reagiram segundo sua metodologia própria, a saber, o debate autêntico, a mobilização de seus fóruns, a sensibilização de sua natureza e sua história. A voz das universidades foi clara. No caso da UFBA, a votação unânime pela rejeição no conselho universitário foi antecedida pela votação também unânime nas unidades. Os pontos e os argumentos levantados e bem debatidos, distributiva ou conjuntamente, indicam que o Future-se é inaceitável.

Primeiro, *por sua unilateralidade*. Uma proposta precisa estar à altura do desafio de sustentar a universidade em sua multiplicidade, de fazê-la desenvolver-se com harmonia, garantindo sua plenitude efetiva e seu princípio organizador estabelecido na Constituição. Uma proposta que leve à hipertrofia de uma dimensão e, logo, de forma sistemática, à diminuição proposital das outras agride o artigo 207. Assim, o programa valoriza de forma unilateral e ideologicamente limitada uma dimensão da vida universitária. Aliás, o exacerbado elogio ao empreendedorismo, inclusive no título do programa, sobre ser unilateral, revela uma visão empobrecedora. O empreendedorismo e a inovação, que têm seu lugar na vida universitária, ganham sentido se associados a arranjos produtivos locais específicos, à melhoria das condições de vida, mas também às dimensões múltiplas da vida universitária, a processos efetivos de ensino e aprendizagem, de pesquisa e, vale enfatizar, de extensão.

Por redução da visão do empreendedorismo, identifica-se um risco de adesão a uma lógica restrita, pautada unicamente na conexão com o setor empresarial privado e que não concebe a extensão epistêmica que vem sendo desenvolvida pelas universidades nos últimos anos, negligenciando assim os distintos modelos e modelagens do empreendedorismo no Brasil plural, nos quais estão incluídos a economia solidária, a agricultura familiar, o empreendedorismo socioambiental, o empreendedorismo étnico, a gestão social do desenvolvimento socioterritorial, as tecnologias sociais, enfim, o rico e farto léxico que foi forjado pelas universidades brasileiras no âmbito das epistemologias do Sul que se quer ser e fazer-se global e internacional. Aquiescer à lógica privatista de universidade privilegia as necessidades de mercado, alçado à condição de principal ator estimulador das políticas de C[iência] & T[ecnologia] em detrimento da sociedade civil e do próprio Estado. Como consequência, são lançados por terra os esforços de décadas em torno das tecnologias sociais que muito minoraram nos últimos anos a pobreza no país, diante dos efeitos perversos da globalização excludente com as suas lógicas neoliberais de exclusão dos sujeitos.[2]

Segundo, *por restringir o exercício da autonomia universitária*. O contrato que poderia ampliar a autonomia de órgão da administração direta e indireta, segundo o § 8º do artigo 37 da Constituição Federal, não é um contrato de desempenho e, de resto, como mostramos, não se aplica às universidades, pois estas já gozam do máximo possível de autonomia conferido a um ente da União que não seja um poder independente. Sendo assim, insistimos, o máximo não pode ser ampliado, ou seja, é falaciosa a pretensão de ampliar uma autonomia já completamente estabelecida pela Constituição; e, se qualificada adicionalmente a autonomia, tal qualificação só pode, então, ter por fulcro alguma restrição. Entretanto, pelo programa, parte da gestão seria transferida, segundo contratos a ser firmados, em função da expectativa de concessão de benefícios especiais. Para garantir tais benefícios, o programa interfere inclusive na autonomia didático-científica – por exemplo, ao prescrever matrizes curriculares, ao impor conteúdos e orientações, ao direcionar o que, ao contrário, deve ser objeto de deliberação autônoma das instituições. A própria manutenção da ideia de adesão, disfarçada que esteja sob o nome de participação ou outro expediente qualquer, é indesejável para um sistema público, não pautado pela lógica de competição própria do mercado. Com isso, divide-se o sistema do ensino superior federal, suas unidades se lançam a uma competição, e o MEC deixa de oferecer soluções isonômicas, como seria, afinal, de sua inteira responsabilidade.

---

[2] Documento "Análise do Programa Future-se", Escola de Administração da UFBA, encaminhado ao Conselho Universitário da UFBA.

Terceiro, *por implicar descompromisso de longo prazo do Estado com o financiamento público da educação superior.* Com efeito, o programa elabora uma estratégia de substituição dos recursos públicos por recursos privados e também pelas receitas próprias da universidade ou, mais grave ainda, por disponibilização do patrimônio das universidades. Há ademais razões consistentes para não nos ampararmos nas propostas de Fundo Patrimonial e de Fundo Soberano do Conhecimento (nome absurdo que consta de duas versões), tal como formuladas. Primeiro, é contrária às evidências a afirmação retórica de que o compromisso do Estado será mantido e que tais fundos significariam fontes tão somente adicionais. Vivemos uma realidade de cortes contínuos ao orçamento (sobretudo na rubrica de investimento) ou, também, no caso da rubrica de custeio, de mera reposição nominal dos valores globais, sem que sejam feitos os reajustes devidos à inflação ou que se acompanhe a expansão do sistema. Ou seja, a proposta é apresentada em cenário de clara defasagem orçamentária, perante a qual, não sendo atualizado o compromisso do Estado, a dependência dos fundos só poderia aumentar, o que limita a liberdade da instituição na escolha das demandas a considerar estratégicas e prioritárias. Se o cenário é de substituição do financiamento público, qualquer que seja a proporção, o gestor responsável não pode pensar em soluções que criem distorções e, por conseguinte, favoreçam apenas parte do sistema a ser financiado. Tampouco deveria propor soluções mal-ajambradas, que, sobre serem questionáveis por seus danosos efeitos colaterais, estão descoladas de estudos prévios e nem sequer podem, para usar uma expressão ao gosto dos atuais governantes, entregar os resultados que prometem. O Future-se não oferece, portanto, solução segura e consistente para o financiamento, mostrando antes despreparo e improviso, não estando à altura do financiamento do ensino superior.

Quarto, *por preferir o interesse privado ao interesse público, sobretudo em questões estratégicas, em relação às quais cabe resguardar o bem comum, sempre associado a políticas de Estado.* Muitos são os exemplos dessa grave indistinção ou preferência mesmo pelo mercado, em função das quais o programa procura esmaecer a presença do Estado e, por conseguinte, o valor de seus servidores. Assim, compromete a qualidade da educação superior ao retirar das universidades públicas a condição de critério do que deve ou não ser reconhecido, a prerrogativa de revalidar ou não diplomas.

Quando ademais há precedência do interesse comum, políticas públicas privilegiam o patrimônio histórico e cultural, não o interesse do mercado imobiliário. Assim, é objeto de imensa e especial preocupação a menção ao patrimônio das universidades como forma de ampliarem suas cotas de participação em fundos, pois revela uma perigosa preferência mercantilista, ainda mais por conhecermos todos o cerco antigo do mercado imobiliário sobre áreas nobres ocupadas pelas universidades e por prédios históricos. Ao contrário do zelo demonstrado por nossas comissões de patrimônio e dos pareceres criteriosos de unidades como nossas faculdades de arquitetura, o programa parece estimular que se abram as portas para um cerco aos bens imóveis das universidades, que se veriam constrangidas, em tempos difíceis, a desvirtuar-lhes o uso ou a desfazer-se de patrimônios cujo significado histórico e cultural tem escala temporal distinta do interesse imediato do mercado.

O programa, com claro viés ideológico, introduz, enfim, um espírito de monetarização de valores simbólicos imateriais, infenso aos valores mais elevados da cidadania, inclusive pelo estímulo a doações condicionadas não ao reconhecimento do valor da instituição, mas segundo a contrapartida de entrega de valores simbólicos por conta de contraprestação de recursos, como nos contratos de concessão do direito de nomear. Na mesma linha, funcionaliza a natureza da comunidade acadêmica, que deixa de ser a fonte de valores inclusive democráticos e a base fundamental para nossa inserção em comunidades científicas e culturais mais amplas, passando a ser reduzida a diversificação funcional e unificada no plano comum dos objetivos, não por sua interação reflexiva. A dimensão pública é também internamente esvaziada, quando ameaçadas a integridade da instituição e sua cultura democrática, que, ao longo do tempo, se mostraram essenciais ao exercício da mais refinada excelência acadêmica e do mais consistente compromisso social. É o caso da constituição de Sociedades de Propósito Específico (SPE), pessoas jurídicas de direito privado, em cujas mãos o desenvolvimento de projetos deixa de subordinar-se a determinações institucionais coletivas. Com isso, a proposta suscita o próprio esvaziamento da representação coletiva, estando em jogo, sobretudo, o papel das instâncias de decisão colegiada de nossas instituições.

4. Agora, *quo usque tandem...*, o governo surpreende com o mesmo e publica uma nova versão do Programa Universidades e Institutos Empreendedores e

Inovadores – Future-se[3]. O governo mantém, sim, suas convicções, e estas são tão fortes que ele não recua mesmo em pontos já fortemente questionados. A ênfase em retribuição por desempenho continua presente, inclinando a gestão por uma espécie de reforço operante, alimentado por retornos mais imediatos; e substituir a expressão "contrato de desempenho" por "contrato de resultado" (ou "Fundo Soberano do Conhecimento" por "Fundo de Investimento do Conhecimento") não lhe muda o sentido, que é o de diminuir o papel das administrações centrais.

Mantêm-se ademais a ideia de Sociedade de Propósito Específico (que enfraquece a estrutura organizacional e o interesse da instituição como um todo) e a indistinção entre instituições públicas e privadas na revalidação de diplomas, além do uso de termos impróprios em uma legislação, como "facilitação" de acreditação de disciplinas. E continua, sim, a ideia de adesão, uma vez condicionado o programa à celebração de um contrato, com o que se quebra a unidade das políticas destinadas ao conjunto do sistema de ensino superior. Continua, portanto, a interferência na gestão de contratos (por fundações ou organizações sociais), mas também na orientação didático-científica de nossas instituições, com a indicação de disciplinas que devem ser oferecidas ou acrescentadas ou de focos temáticos que terão prioridade.

Há agora inclusive uma pressão política nova e estranha, pois a nova proposta subordina, preferencialmente, a concessão de recursos da Capes ao Programa Future-se, não à necessidade e à política mais ampla de aperfeiçoamento e formação de pessoal de nível superior, desconsiderando inclusive a existência de um Plano Nacional de Pós-Graduação. Por isso, sendo unilateral a proposta e estando focada em uma concepção de empreendedorismo estreita, não se encontra à altura da riqueza e da diversidade de nossas instituições.

A extensão universitária é, mais uma vez, ignorada; o foco é maior na inovação que na pesquisa que a possibilita; e o interesse do mercado parece mais relevante que a produção do conhecimento, quando, ao contrário, a produção de conhecimento, cultura e arte envolve relações mais amplas, diversas e generosas com a sociedade, não podendo ser reduzida a indicadores de empregabilidade. A procura de recursos adicionais de financiamento continua a

---

[3] *Diário Oficial da União*, 3 jan. 2020.

envolver a utilização do patrimônio de imóveis das universidades – o que, por várias razões, muito tem preocupado nossas comunidades acadêmicas e deixa a sociedade em estado de alerta. E, enfim, como antes, algumas possibilidades interessantes mencionadas na proposta não necessitam do contexto legal do Future-se, pois já são realizadas por nossas instituições ou dependem apenas da implementação de legislação existente, como o novo marco legal de ciência, tecnologia e inovação e a lei dos fundos patrimoniais.

Nossas instituições vão certamente analisar em detalhe a nova proposta. É nosso método, nossa sina, nosso procedimento. Entretanto, sua semelhança na letra e no espírito com as versões anteriores é evidente. Para o governo, o programa passou a ser sua própria meta, de modo que seus indicadores não precisam sequer referir-se, ponto a ponto, à expansão e à qualidade do sistema de educação já pactuadas. E a proposta atual, como as anteriores, atenta contra a autonomia universitária, indica descompromisso do Estado com o financiamento público da educação superior e agride a plenitude, a integridade e a unidade de cada instituição universitária, bem como do inteiro sistema de ensino superior federal. Qualquer que seja a justificativa retórica (ou, mais ainda, por sua retórica de guerra), a natureza do programa é clara, devendo ele, portanto, ser mais uma vez rejeitado.

Finalizado em junho de 2020, quando, em meio à pandemia de coronavírus, o país vive um isolamento social e a educação precisa seguir a distância, escancarando ainda mais desigualdades sociais, este livro foi composto em Adobe Garamond Pro, corpo 11/15,4, e impresso em papel Avena 80 g/m² pela gráfica Rettec, para a Boitempo, com tiragem de 2 mil exemplares.